정재환의 다시 만난 한국사

일러두기

- 이 책은 EBS 「나의 두 번째 교과서」 시즌 3의 한국사 편에 해당하는 방송 회차를 엮어 만들었습니다.
- 저자의 화법을 살리기 위해 본문의 문장을 구어체로 작성했습니다.
- 주요 인명, 지명 등의 외국어와 외래어는 국립국어원 외래어표기법을 따르되, 일부는 관용적 표현을 따라 표기했습니다.
- 학술지, 논문, 방송은 「 」로, 단행본은 『 』로 표기했습니다.

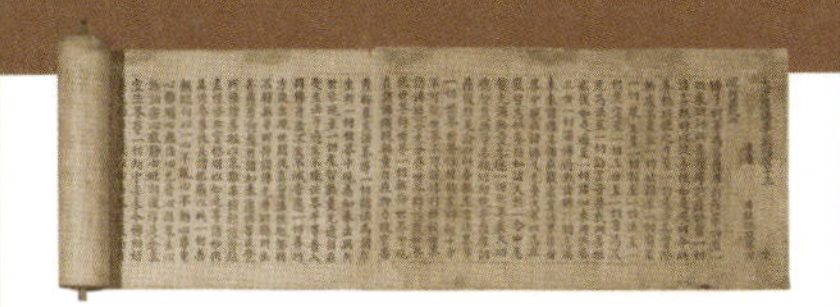

정재환의
다시 만난 한국사

정재환 지음 | EBS 제작팀 기획

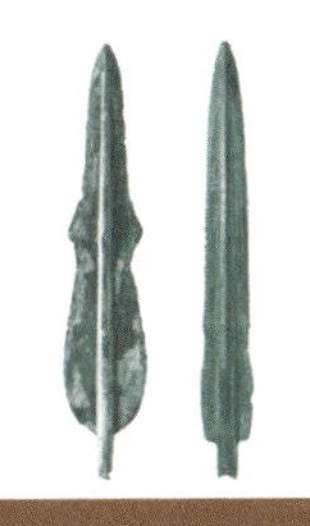

프롤로그

한국사를 관통하는 역사 속 유전자를 찾아서

지난가을 한글날을 앞두고 강의실과 방송국을 오가던 어느 날, 「나의 두 번째 교과서」 시즌 3의 한국사 특강을 함께 했으면 좋겠다는 전화를 받았습니다. 10회 연속 방송인 데다가 책을 써야 한다는 점이 부담스러웠지만, 우공이산의 마음으로 용기를 냈습니다.

그날부터 고민은 시작되었고, 제작진과 의견을 주고받으며 다채로운 사건과 주제들을 탐색했습니다. 예상했지만 호락호락한 일이 아니었습니다. 한국사의 넓고 깊은 바다에서 길 잃은 나그네처럼 정처 없이 떠돌다가, 대한민국의 오늘을 만든 역사 속 유전자를 찾아보기로 했습니다.

생물학에서 유전자는 생물체의 유전 형질을 발현시키는 원인이
되는 인자입니다. 염색체 가운데 일정한 순서로 배열되어, 생식 세포를
통해 자손에게 유전 정보를 전달합니다. '피는 못 속인다', '콩 심은 데
콩 나고, 팥 심은 데 팥 난다'라는 속담은 유전을 빗댄 말이겠지요.

'그 아버지에 그 아들, 그 엄마에 그 딸'이라는 말처럼 자식은 부모
를 닮습니다. 피부색뿐만 아니라 신장, 얼굴형, 쌍꺼풀, 매부리코, 보조
개 등도 100퍼센트는 아니지만 유전된다고 합니다. 외모가 출중한 이
들끼리 결혼하면, 십중팔구 아주 예쁘고 잘생긴 아기가 태어날 것이라
고 예상하는 것도 유전을 믿기 때문입니다.

그렇다면 역사 속 유전자는 무엇일까요? 단군 할아버지에게서 영
희와 철수에게 전해졌다거나, 삼국시대로부터 고려-조선-대한민국으
로 이어지는 유전자가 있을까요? 역사는 과거와 현재의 대화이며 현재
사라고 합니다. 과거와 현재는 대화하고, 과거는 현재에 영향을 미칩니
다. 「나의 두 번째 교과서」 시즌 3의 한국사 특강은 과거와 현재를 이
어 주는 유전자, 미래를 전망하는 희망 유전자에 관한 이야기입니다.

가늠하기 어려울 만큼 방대한 한국사 속에서 주먹도끼, 단군신화,
삼국통일, 팔만대장경, 고려청자, 훈민정음, 수원 화성, 갑신정변, 만민
공동회, 조선어학회 10가지 핵심 장면을 엄선했습니다. 각각의 사건과
이야기에는 지혜, 기술, 통합, 호국, 문화, 도전, 소통, 창조, 혁명, 민주,
정의, 평등, 독립, 건설 등 한국사의 굴곡과 부침을 씨줄과 날줄로 엮으
며 오늘을 만든 역사 속 유전자가 있습니다.

대한민국은 작지만 강한 나라입니다. 오랫동안 중국 문화의 자장 속에 있었지만, 세종의 한글 창제로 자주적이고 독창적인 한글문화를 이룩하고, 숱한 외침을 극복했으며, 식민지와 전쟁이라는 시련의 터널을 통과하며 창조와 혁신, 도전과 희생으로 산업화와 민주화에 성공했습니다. 80년 전 원조를 받던 나라에서 원조를 주는 나라로 성장했습니다.

최근에는 케이팝, 한국 영화와 드라마 등 한류가 세계인의 주목을 받고 있습니다. 영화「기생충」은 2020년 아카데미상 4개 부문을 석권했고, 2021년 넷플릭스「오징어 게임」이 전 세계를 사로잡았습니다. 싸이의 '강남스타일'로부터 BTS, 블랙핑크, 뉴진스 등 케이팝이 이뤄 낸 성취는 과거에 상상조차 못 한 일이었습니다.

한국의 전통과 문화가 고스란히 녹아 있는 애니메이션 영화「케이팝 데몬 헌터스」는 세계인의 사랑을 받았고, 주제가 '골든Golden'의 한국어 가사 '영원히 깨질 수 없는'은 세계인이 함께 따라 부르는 언어가 되었습니다. 수많은 외국인이 국립중앙박물관을 찾았고, 까치와 호랑이에 열광했습니다.

그럼에도 풀어야 할 숙제는 여전히 많습니다. 식민지 유산을 청산해야 하고, 소득과 분배의 정의를 실현해야 합니다. 민주주의와 헌법 정신을 지켜야 하고, 한반도의 평화를 유지하면서 남북 분단의 모순을 극복해야 합니다. 인공지능 시대를 선도할 수 있는 과학기술을 개발해야 하고, 지구촌에 구석구석 행복을 전하는 문화의 힘도 강화해야 합니다. 쉽지 않겠지만, 한국사를 관통하는 역사 속 유전자를 통해서 지식과 지혜와 희망을 찾을 수 있을 것입니다.

이 글은 방송 특강과 책 출간 양쪽 모두를 고민하며 썼습니다. 한 쪽으로 치우치지 않도록 마음을 썼습니다만, 균형을 잃었거나 부족하거나 과한 점이 있다면 모두 글쓴이 탓입니다. 시청자와 독자 여러분의 아낌없는 응원과 질정을 구합니다.

끝으로 거칠고 투박한 글을 누구나 쉽게 읽을 수 있도록 맵시 있는 책으로 만들어 주신 편집자님, 「나의 두 번째 교과서」에 초대해 주시고, 함께 고민해 주시고, 격려해 주시고, 생각과 지혜를 나눠 주신 김시준 피디님과 문정실 작가님에게 마음 깊은 곳으로부터 샘솟는 고마움을 전합니다.

2026년, 신홍리에서 봄뫼 정재환

목차

프롤로그
4

1강 편견을 깬 전곡리 주먹도끼
꿈꾸는 대로 만드는 유전자
10

2강 역사가 된 단군신화
한반도 씨앗의 유전자
28

3강 통합의 삼국통일
통일과 통합의 유전자
50

4강 국난을 이긴 팔만대장경
호국 정신의 유전자
74

5강 예술이 된 고려청자
도전과 실험 정신의 유전자
96

| 6강 | **소통 혁명 훈민정음**
사람과 사람을 잇는 소통의 유전자 | 120 |

| 7강 | **이상 도시 수원 화성**
호호부실 인인화락의 유전자 | 142 |

| 8강 | **좌절된 근대 갑신정변**
세상을 바꾸는 개혁과 혁명의 유전자 | 164 |

| 9강 | **최초의 광장 만민공동회**
광장 민주주의의 유전자 | 188 |

| 10강 | **말과 글을 지킨 독립운동 조선어학회**
우리 민족의 정체성을 지키는 유전자 | 212 |

참고 자료
236

도판 출처
243

1강

편견을 깬 전곡리 주먹도끼

꿈꾸는 대로 만드는 유전자

대한민국은 어떻게 기술 강국으로 성장할 수 있었을까요? 1948년 발표된 모비우스 라인은 동아시아에 주먹도끼가 없다는 이유로, '동아시아는 구석기시대부터 문화가 정체된 지역이었다'는 근거로 소비되었습니다. 그런데 1978년 연천 전곡리에서 주먹도끼가 발견되며 모비우스 라인은 꼬리를 감췄고, 서구 중심의 시각도 수정되었습니다. 전곡리 주먹도끼에는 꿈꾸는 대로 만드는 지혜와 기술 유전자가 담겨 있습니다. 오늘날 인공지능 시대를 이끄는 대한민국 기술력의 원천을 전곡리 주먹도끼에서 찾을 수 있습니다.

인류의 시작

지구의 탄생	약 46억 년 전	
오스트랄로피테쿠스 등장	약 350만 ~300만 년 전	직립 보행이 인류의 특징으로 자리 잡다.
호모 하빌리스 출현	약 240만 ~150만 년 전	석기를 제작하며 구석기 시대를 열다.
아슐리안 주먹도끼 발명	약 170만 년 전	생각한 형태를 현실로 구현하다.
한반도에 인류 등장	약 70만 년 전	인류의 이동이 동아시아까지 확장되다.
사냥과 채집 그리고 공동체 생활	구석기시대	협력과 평등을 바탕으로 살아가다.

한반도에는 언제부터 사람이 살았을까?

우리나라는 반만년이라는 유구한 역사를 지니고 있습니다. 반만년의 기원이 되는 것은 단군왕검이 고조선을 건국한 기원전 2333년이죠. 나라를 세운 것은 기원전 2333년입니다만, 이 땅에 사람이 살기 시작한 것은 그보다 훨씬 오래전부터였습니다.

바로 선사시대입니다. 선사시대는 문헌 사료가 존재하지 않는 시대를 의미합니다. 문헌 사료로 기록된 역사 시대와 달리 선사시대 인류의 삶을 추적하고 복원하는 것은 그 시대의 유물과 유적 등 고인류가 남긴 흔적을 통해 가능합니다. 영화「인디아나 존스」에 등장하는 고고학자 존스 박사나 인류학자들이 주로 연구하는 분야입니다.

우리가 살고 있는 지구의 나이는 대략 46억 살이고, 지구상에 인류가 처음 출현한 것은 약 350만~300만 년 전으로 알려져 있습니다. 최초의 인류는 두뇌 용량이 현생인류의 3분의 1 정도였지만, 직립 보행을 했고 두 손으로 간단한 도구를 만들어 사용했습니다. 이후 인류는 지혜가 발달하면서 불을 사용하는 법을 터득해 음식을 익혀 먹었고, 불의 사용으로 빙하기에도 추위를 견딜 수 있었습니다. 또한 인류는 사냥과 채집을 통하여 식량을 조달하였고, 죽은 사람의 시체를 매장하는 풍습까지 갖게 되었습니다.

이처럼 기록으로 남아 있지 않은 선사시대 인류의 역사를 파악할 수 있었던 것은 인류의 기원을 밝히기 위해 시공을 넘나들며 오대양 육대주를 누빈 고고학자와 인류학자, 역사학자 등 집단 지성의 탐사와 발견 그리고 연구의 결과 덕분이라고 할 수 있습니다.

그중 하나가 바로 '타웅 아이Taung child'의 발견입니다. 1924년 고고학자 레이먼드 다트Raymond Dart는 남아프리카공화국 타웅Taung에서 고인류의 화석을 발견했습니다. 발견지의 이름을 따 '타웅 아이'라는 이름을 붙였고, 남방의 유인원이라

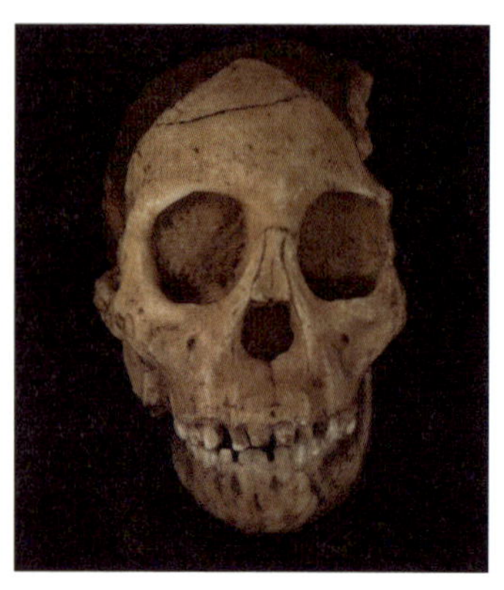

타웅 아이 ○ 1924년 남아프리카공화국 노스웨스트주 타웅에서 발견된 유인원 머리뼈로 '오스트랄로피테쿠스 아프리카누스'라는 학명으로 보고되었다.

는 뜻인 '오스트랄로피테쿠스Australopithecus' 라는 학명을 붙였습니다.

타웅 아이는 사람과 침팬지, 고릴라, 오랑우탄 등 유인원의 특징을 모두 가지고 있어서 인류의 조상인지 아닌지를 놓고 학계에서 논쟁이 치열했습니다만, 비슷한 화석이 아프리카에서 연이어 발견되면서 오스트랄로피테쿠스를 지구상에 등장한 최초의 고인류로 정의하게 되었습니다.

이후 고인류에 대한 탐사와 연구가 계속되었습니다. 오스트랄로피테쿠스 화석 중 가장 유명한 것은 1974년 동아프리카 에티오피아의 하다르Hadar에서 발견된 '루시Lucy'입니다. 과학자들은 루시가 약 320만 년 전에 살았던 것으로 추정했는데요. 수백만 년 전의 화석은 대개 보존 상태가 좋지 않아 뼈나 이빨 조각 정도가 발견되는 것이 전부인데, 놀랍게도 루시는 머리뼈부터 다리뼈까지 전체 뼈대의 약 40퍼센트가 발견되었습니다.

침팬지의 경우 허벅지뼈와 정강이뼈가 직선을 이루는데, 두 발로 걷는 사람의 경우 골반뼈와 무릎뼈 사이에 있는 허벅지뼈가 비스듬한 각도로 기울어져 있어 걸을 때 몸의 균형을 유지해 줍니다. 루시의 경

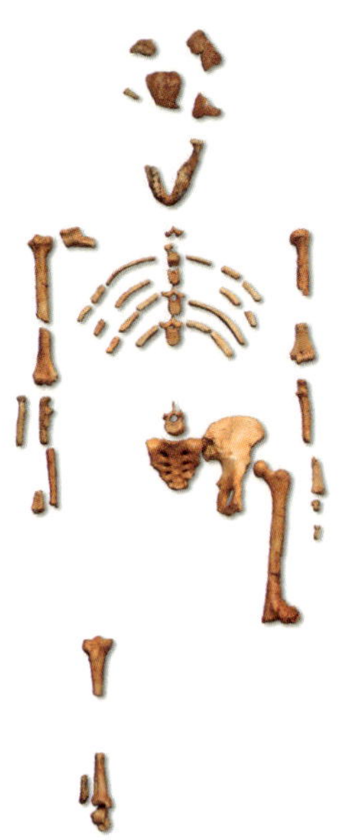

루시의 화석 ○ 침팬지와 별다른 차이가 없었으나 골반뼈와 다리뼈의 각도 및 전체적인 형태가 현생인류와 비슷한 특징을 가지고 있다.

꿈꾸는 대로 만드는 유전자

우 다른 뼈는 침팬지와 별다른 차이가 없었으나 골반뼈와 다리뼈의 각도 및 전체적인 형태가 현생인류와 거의 비슷했습니다.

오스트랄로피테쿠스 화석이 아프리카에서 출토됨으로써, 인류는 아프리카에서 기원해서 점차 다른 대륙으로 이동한 것으로 파악하고 있습니다. 이후 시간의 흐름과 더불어 지능이 발달한 인류가 등장했는데요. 오스트랄로피테쿠스 다음에 등장한 인류는 '호모 하빌리스Homo Habilis'입니다.

손재주가 있는 사람을 뜻하는 호모 하빌리스는 약 150만 년 전 홍적세신생대의 마지막 단계에 살았습니다. 얼굴은 오스트랄로피테쿠스와 비슷하지만, 팔다리뼈를 통해 두 발로 능숙하게 걸어 다녔으며 정확한 손놀림으로 도구를 다룰 수 있었음을 알 수 있습니다. 바로 이 호모 하빌리스가 구석기시대를 연 주인공이었습니다.

석기, 구석기인의 스마트폰

현대인들이 하루 중 가장 많이 쓰는 도구는 아마도 스마트폰일 겁니다. 스마트폰 중독이 심각한 사회문제로 대두되는 만큼 스마트폰 없는 일상은 상상하기 힘듭니다. 스마트폰으로 전화하고, 문자와 이메일을 주고받습니다. 궁금한 게 있으면 검색해서 정보를 얻고 게임도 하고 영화도 보고, SNS에 글도 쓰고 사람들과 소통도 합니다.

현대인의 일상에 가장 중요한 도구가 스마트폰이라면 구석기인들

에게 가장 중요한 도구는 석기였습니다. 석
기는 풀과 나무를 자르고, 땅을 파고 움집을
짓고, 사냥하는 데 없어서는 안 될 그야말로
생존과 직결된 도구였지요. 그래서 그들은
어디를 가든 무엇을 하든 석기를 휴대하거
나 만들었을 겁니다.

망치돌 ○ 석기를 제작할 때
사용했던 도구.

　손재주가 있는 사람 호모 하빌리스는 돌을 가공해 만든 도구 석기
를 사용했습니다. 나무와 식물의 줄기, 짐승의 뼈나 뿔 등도 도구로 사
용했겠지만, 시간이 흐르면 쉽게 썩는 유기물은 없어지고 결국 돌로
만든 석기만이 형태를 유지할 수 있었습니다.

　호모 하빌리스가 초기에 사용한 구석기는 찍개, 긁개, 가로날도끼,
뾰족끝도끼, 망치돌 등입니다. 뭉뚝하게 생긴 망치돌은 다른 석기를 만
들 때 돌을 내리쳐 깨는 도구였으니, 어쩌면 가장 중요한 석기였는지
도 모르겠습니다.

　대표적인 구석기시대의 석기 세 가지만 소개하겠습니다. 먼저 찍
개입니다. 자갈돌이나 모난 돌의 가장자리를 떼어 내 날을 세운 석기
인데요. 동일한 가장자리를 양면으로 혹은
단면으로 박리하여 만듭니다. 날이 하나면
외날찍개, 날이 두 개면 양날찍개라고 합니
다. 다시 날의 형태에 따라 볼록날, 직선날,
오목날 등으로 세분할 수 있습니다.

찍개 ○ 자갈돌의 가장자리를
떼어 내 날을 세워 만든 석기.

　다음은 긁개입니다. 긁개는 원석, 격지,

꿈꾸는 대로 만드는 유전자

긁개 ○ 가죽을 긁거나 나무를 다듬는 데 주로 사용되었을 것으로 추정된다.

가로날도끼 ○ 넓적하고 날카로운 자르는 날이 특징이다.

돌날, 부스러기 등의 돌 가장자리를 떼어내 직선날, 볼록날, 오목날 등을 가파르게 만든 석기로, 가죽을 긁거나 나무를 다듬는 데 주로 사용되었을 것으로 추정합니다. 손으로 잡는 부분이 손아귀에 쏙 들어올 것처럼 보이지 않나요?

다음은 가로날도끼입니다. 가로날도끼는 주먹도끼와 형태적으로 유사하지만 넓적하고 날카로운 자르는 날을 가지고 있어 마치 오늘날의 도끼 모양을 하고 있습니다. 날은 몸돌에서 떼어질 때 생긴 자연날을 그대로 이용하거나 길이 축과 직교하는 방향에서 한두 번의 타격으로 만들며, 날의 잔손질은 거의 하지 않는 것이 특징입니다. 날을 제외한 몸통과 아랫부분은 양면떼기로 잔손질하여 마무리합니다.

이처럼 구석기인들은 목적에 맞게 석기를 만들어 썼는데요. 제작 기술이 발달하면서 석기는 다양한 형태로 진화했습니다.

1강 편견을 깬 전곡리 주먹도끼

구석기의 신형 스마트폰, 주먹도끼

구석기시대의 가장 발전된 석기는 주먹도끼였습니다. 아슐리안형 주먹도끼라고도 하는데요. '아슐리안'이라는 명칭은 프랑스의 생 아슐Saint-Acheul이라는 지역의 이름에서 유래했습니다. 1859년 이곳에서 처음 발견된 석기에 아슐리안 주먹도끼라는 이름을 붙인 겁니다. 시기적으로는 약 170만 년 전부터 사용되었고, 전기구석기시대를 대표하는 석기입니다. 아슐리안 주먹도끼가 가장 많이 출토되고 조사된 지역은 아프리카와 유럽이었습니다.

주먹도끼는 지금 우리가 나무를 쪼개는 데 쓰는 쇠도끼와 모양이 비슷하여 지어진 이름입니다. 하지만 주먹도끼는 나무를 다듬는 데만 사용된 것이 아닙니다. 짐승의 가죽을 벗겨 내고, 고기를 발라내고, 뼈를 부수는 등 여러 가지 용도로 사용되었습니다. 주먹도끼는 구석기시대 사람들에게는 가장 소중한 만능 도구였습니다. 그래서 주먹도끼를 흔히 '구석기시대의 맥가이버칼'이라고 부릅니다.

아슐리안 주먹도끼는 형태상 좌우 대칭성을 가지면서 양 측면에 날이 서 있고, 그 끝은 뾰족하거나 둥근 형태를 띠고 있습니다. 대체로 몸돌을 이용하여 제작하고, 때로는 몸돌에서 떨어진 격지를 이용할 때도 있습니다. 손으로 잡는 부분은 가공을 하지 않거나 가공할지라도 움켜쥐기 위해 위해서 일부러 뭉툭하게 만들었습니다. 프랑스 국립선사박물관의 알랭 튀르크Alain Turq는 주먹도끼가 지닌 의미를 다음과 같이 설명합니다.

꿈꾸는 대로 만드는 유전자

아슐리안 주먹도끼는 인류의 지능과 지식을 보여 준다. 이 주먹도끼를 만든다는 것은 자신이 만들고자 하는 물건을 머릿속으로 먼저 상상하고 그걸 실제로 만들어 낼 수 있다는 것을 의미한다.

_알랭 튀르크

주먹도끼는 인간 지능의 진화를 보여 주는 중요한 매개체인 동시에 중요한 발견입니다. 석기에 처음으로 기하학적 형태가 반복적으로 나타나는 것을 볼 수 있기 때문입니다. 또한 아슐리안 석기를 통해 인류가 장거리 이동을 했다는 것을 알 수 있습니다. 인류는 이 시기가 되어서야 자신이 살던 곳을 떠나 아시아 등 여러 곳으로 이동했습니다. 그러면 한반도에는 언제부터 사람이 살기 시작했을까요?

한반도의 구석기

한반도에서 구석기 유적이 발견된 곳은 함경북도 웅기 굴포리, 평안남도 상원 검은모루 동굴, 평양의 용곡동 동굴, 경기도 연천 전곡리, 충남 공주 석장리 등이 있습니다. 시기는 대략 70만 년 전쯤으로 추정합니다. 아프리카에서 동아시아 끝 한반도까지 이동하는 데 시간이 아주 많이 걸린 것 같네요. 여기까지 힘들게 온 사람들은 어디서 어떻게 살았을까요?

구석기인들은 동굴이나 바위 그늘에서 살았습니다. 아니면 강가

1강 편견을 깬 전곡리 주먹도끼

한반도 구석기 유적 분포도

에 막집을 짓고 살기도 했습니다. 집 크기는 작은 것은 서너 명, 큰 것은 열 명이 살 수 있을 정도의 크기였는데요. 요즘으로 친다면 작은 집은 원룸, 큰 집은 여러 방이 딸린 집이겠네요. 구석기시대 후기의 막집 자리에는 기둥 자리, 담 자리, 불 땐 자리가 남아 있습니다.

막집
나뭇가지로 뼈대를 세우고 가죽이나 풀 등으로 지붕을 만든 집. 이동 생활을 했던 구석기시대에 주로 지어졌다.

구석기인들은 무리를 이루어 사냥했고 그중 가장 지혜로운 사람이 리더가 되었는데요. 그러나 그가 권력을 독점하지는 않았고, 공동체는 모두가 평등한 수평 구조였습니다.

한반도의 구석기인들도 동물의 뼈나 뿔로 만든 뼈 도구와 뗀석기를 가지고 사냥과 채집을 하면서 생활했습니다. 처음에는 찍개 하나를

꿈꾸는 대로 만드는 유전자

가지고 여러 가지 용도로 사용했으나, 점차 기술이 발달함에 따라 용도가 뚜렷한 작은 석기들을 만들었습니다.

돌은 자연에서 아주 손쉽게 구할 수 있는 재료였습니다. 처음에는 여기저기 흩어져 있는 돌을 골라 쓰다가, 차츰 필요한 형태로 만들어 썼습니다. 적당한 모양과 크기의 돌을 주워 망치돌로 내리쳐 깨뜨려서 원하는 모양을 만들었습니다. 그렇게 해서 찍개, 긁개, 가로날도끼 등 다양한 석기를 만들었습니다.

모비우스 라인, 동아시아 지역은 열등하다?

그런데요. 혹시 '모비우스 라인Movius Line'이라는 말을 들어보셨습니까? 안과 밖, 앞면과 뒷면의 구별이 없고 좌우의 방향을 정할 수 없는 특징을 지닌 '뫼비우스의 띠'와는 다릅니다. 모비우스 라인은 하버드대학교의 고고학자 할람 모비우스Hallam Leonard Movius가 주장한 석기 시대에 대한 가설입니다. 모비우스 교수는 1948년 발표한 논문에서 인도 북부에서 흑해 북단을 거쳐 중부 유럽을 관통하는 선을 그어 지구를 양분하는 선을 그었습니다. 기준은 아슐리안형 주먹도끼의 출토 유무였습니다.

왼쪽 파란색으로 표시된 부분은 아슐리안 주먹도끼가 많이 나온 아프리카와 유럽입니다. 반면에 오른쪽은 아슐리안 주먹도끼가 나오지 않은 지역입니다. 그리고 다음과 같이 주장했습니다.

모비우스 라인 ○ 주먹도끼 문화권은 진보적·역동적이었던 반면 찍개 문화권은 보수적이고 정체된 지역이었다.

외면 찍개, 양면 찍개, 자귀처럼 단조롭고 상상력이 부족한 석기들로 구성된 동아시아의 석기군. (…) 오래 전인 전기 구석기시대부터 동아시아는 문화적으로 정체된 지역이다. (…) 인류의 초기 진화 과정에서 이 광활한 지역은 역동적이고 주요한 역할을 했던 것 같지는 않다. (…) 다른 지역에서는 이미 멸종했던 매우 원시적인 형태의 고인류가 그곳에서 오랫동안 살아남았음이 분명하다.

_할람 모비우스

모비우스 교수는 '모비우스 라인'이라는 문화적 경계선을 기준으로 서쪽의 주먹도끼 문화권은 진보적이고 역동적인 지역이라고 평가

꿈꾸는 대로 만드는 유전자

한 반면, 경계선의 동쪽에 있는 찍개 문화권은 보수적이고 문화적으로 정체된 지역이라며 차별적으로 인식했습니다. 이는 동양이 서양보다 열등하다는 동양에 대한 편견과 멸시로 가득 찬 전형적인 오리엔탈리즘이었습니다.

고고학계에서는 모비우스 학설이 정설은 아니었지만, 서양에 비해 열등한 동아시아를 설명하는 이론의 하나로서 오랫동안 소비되었습니다. 그럼에도 모비우스 라인을 쉽사리 반박할 수 없었던 것은 아슐리안 주먹도끼가 동아시아에서 나오지 않았기 때문입니다. 그러던 1970년대 말, 대한민국에서 놀라운 사건이 발생합니다.

1978년 운명의 데이트

1978년 1월 20일, 경기도 연천군 전곡리 한탄강 유원지에 여자친구와 함께 데이트를 즐기던 주한미군 제2보병사단 그레그 보언Greg L. Bowen 상병은 이상한 돌멩이 하나를 발견했습니다. 그의 눈에 띈 것은 강가에 널린 둥근 조약돌들과는 달리 모서리 여러 군데가 날카롭게 깨진 돌이었습니다. 돌을 조심스럽게 들고 이리저리 살피던 보언은 이 돌이 자연적으로 돌끼리 부딪쳐 깨진 것이 아니라고 생각했습니다.

보통 사람에게는 강변에 널린 수많은 돌 중 하나로 보였겠지만, 입대 전 애리조나대학교에서 고고학을 전공한 보언은 직감적으로 그 돌이 인위적으로 가공한 것임을 알 수 있었습니다. 흥분한 보언은 자

1강 편견을 깬 전곡리 주먹도끼

신도 모르게 소리쳤습니다.

"상미, 내가 주먹도끼를 발견했어!"

보언은 여자 친구와 함께 주변을 뒤졌고 비슷한 모양으로 깨진 돌 여러 개를 더 찾아냈습니다. 보언은 주운 돌을 당시 세계 고고학계 최고 권위자인 프랑스의 프랑수아 보르드Francois Bordes 교수에게 보냈습니다. 보언이 보낸 돌이 틀림없는 주먹도끼라고 판단한 보르드 교수는 다시 서울대학교 고고학과 김원룡 교수에게 긴급하게 상황을 알리고 조사할 것을 권했습니다.

제보를 받은 김원룡 교수는 즉각 영남대학교 정영화 교수와 함께 공동연구를 수행했고, 1978년 6월 한탄강 유역 선사유적지에서 구석기 전기 문화 중 대략 30만 년 전인 아슐리안 중기에 해당되는 정교한 주먹도끼 여섯 점과 박편 등 20여 점의 타제석기를 채집했는데, 프랑스에서 발견된 아슐리안 주먹도끼와 똑같은 것임을 확인했다고 발표했습니다.

전곡리 주먹도끼의 발견은 동아시아 지역에 대한 지역적 인종적 편견으로 가득 찬 모비우스 라인을 근거 없는 주장으로 돌리는 중대한 사건이었습니다. 한 가지 흥미로운 사실은 마치 결자해지라도 하듯 미국 출신의 저명한 고고학자의 학설이 미국 출신 고고학도의 우연한 발견으로 인해 설득력을 잃었다는 점입니다.

자, 그럼 전곡리에서 발견된 주먹도끼를 한번 보겠습니다. 전곡리 주먹도끼는 초기 아슐리안형이 많이 보이지만, 석영 석재임에도 불구하고 전면을 가공한 타원형의 주먹도끼도 나타나고, 아슐리안 유형처

꿈꾸는 대로 만드는 유전자

럼 주먹도끼와 함께 가로날도끼도 출토되었습니다.

물론 동서양의 주먹도끼가 완전히 똑같은 모습은 아닙니다. 서양의 주먹도끼가 더 완벽한 모습을 하고 있다고 느낄 수도 있습니다. 그렇지만 동서양의 주먹도끼가 다소 다른 형태를 지닌 데에는 지리적인 차이, 토양의 차이, 문화적인 차이 등이 작용했음을 고려해야 합니다.

그레그 보언의 전곡리 주먹도끼 발견을 계기로 본격적인 발굴이 시작되었고, 석기를 만드는 데 기초석으로 사용된 커다란 몸돌, 날카로운 날을 가진 손도끼와 돌칼, 다면석기, 몸돌에서 떼어낸 격지로 만든 가로날도끼 등 1000여 점 이상의 석기시대 유물이 발견되었습니다. 사실 전곡리 주먹도끼 발견 이후에는 파주 금파리, 공주 석장리를 비롯해 중국의 바이쎄, 단장커우, 뤄난, 딩춘 등 여러 지역에서 주먹도끼가 발견되었습니다. 동아시아의 구석기인들이 주먹도끼를 만들지 못했던 것이 아니라 서양에 비해 고고학적 발견과 발굴이 늦었을 뿐이었습니다.

그런데요, 석기를 생활에 필요한 도구로 사용했던 구석기인들의 삶을 이해할 때, 무엇보다도 중요한 것은 앞서 소개해 드린 프랑스 국립선사박물관의 알랭 튀르크의 말처럼, 그들이 '자신이 만들고자 하는 물건을 추상적으로 생각한 후에 그것을 실제로 만들어 냈다는 점'이라 생각합니다. 전곡리 주먹도끼를 만든 사람들은 30~50만 년 전쯤 살았던 것으로 추정합니다. 어쩌면 현생인류와는 관계가 없을 수도

아슐리안형 주먹도끼 ○ 연천 전곡리 유적에서 발견되었다.

있습니다.

어느 날 한 무리의 구석기인들이 한반도에 도착했습니다. 맑은 물이 흐르고 산이 아름답고 먹을 것이 풍부한 한탄강변에 새 삶의 터전을 일구었습니다. 그들은 생존하기 위해 석기를 만들었고, 더 편리하고 효율적으로 사용하기 위해 창의력과 기술력을 발휘했습니다. 석기는 수렵과 채집을 하는 데 있어서 가장 튼튼하고 편리한 도구였습니다. 특히 그들은 구석기시대 가장 발달된 형태인 주먹도끼를 만들었습니다. 그렇게 한반도에 구석기 문화를 꽃피웠습니다.

비록 그들이 지금 한반도에 살고 있는 한국인들의 직접 조상이 아니더라도, 그들이 남긴 삶의 흔적은 수십만 년이 지난 21세기 대한민국에도 뚜렷하게 남아 있습니다. 연천 전곡리에서 공주 석장리까지, '꿈꾸는 대로 주먹도끼를 만든 한반도 구석기인들의 유전자'는 IT 강국이자 기술 선진국으로 도약하고 있는 21세기의 대한민국을 만든 창의력과 기술력의 원천으로 기억되어야 할 것입니다.

꿈꾸는 대로 만드는 유전자

2강

역사가 된 단군신화

한반도 씨앗의 유전자

환웅과 웅녀 사이에서 태어난 단군왕검은 기원전 2333년 고조선을 건국했습니다. "하늘신이 내려오고 곰이 사람이 되었다니, 단군 이야기는 말 그대로 신화야." 하지만 단군신화를 신화로 치부할 수만은 없습니다. 커튼을 젖히면 햇살이 쏟아지고 밝은 세상이 드러나듯이, 단군신화에는 고조선 건국 역사의 진실이 씨줄과 날줄로 얽혀 있음을 알 수 있습니다. 한민족의 역사를 연 시원始原의 유전자 단군신화입니다.

고조선의 형성과 청동기 문화

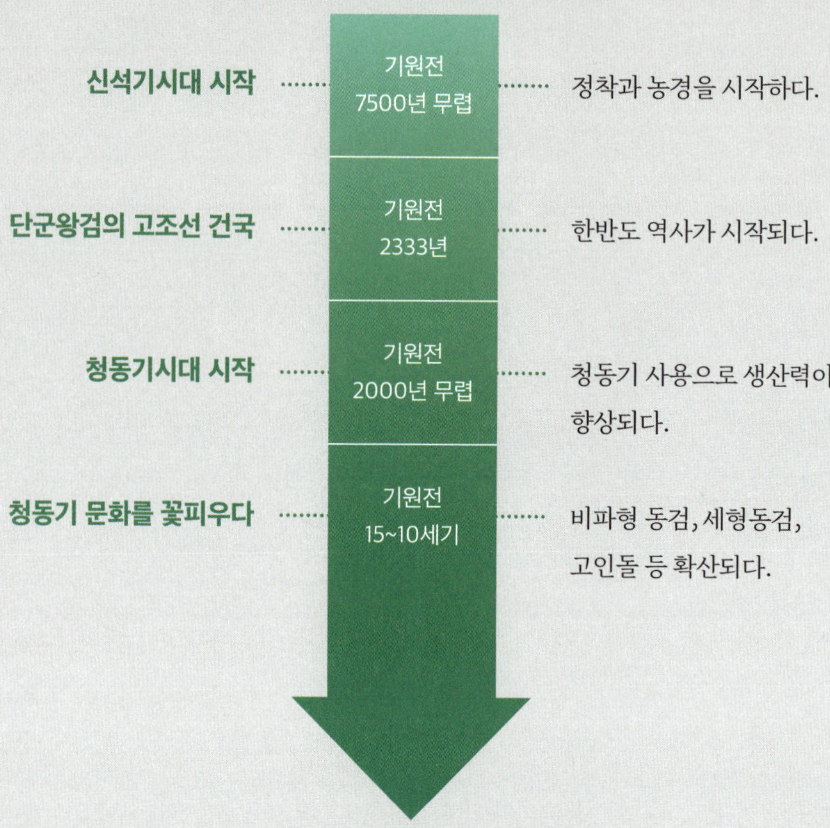

오래된 역사에 대한 환상

1강에서는 전곡리 주먹도끼에 대해 살펴봤습니다. 전곡리에서 주먹도끼가 발견됨으로써 동양이 서양에 비해 열등하다는 서양인들의 오랜 편견도 깨졌고, 한반도에 살던 구석기인들의 생활과 석기를 가공하는 발달된 기술력도 확인할 수 있었습니다.

그런데 당시 바다 건너 일본에는 전곡리 주먹도끼의 발견을 달갑지 않게 생각하는 사람들이 있었습니다. 1970년대까지 일본에서 가장 오래된 유적은 대략 3만 년 전으로 추정되고 있었는데, 한반도에서 주먹도끼와 함께 기원전 30~50만 년 전의 구석기 유적이 발견되었다는

한반도 씨앗의 유전자

충격적인 사실에 열패감과 열등감을 느꼈던 겁니다.

이와 같은 자조적인 분위기 속에서 혜성처럼 등장한 인물이 바로 후지무라 신이치藤村新一였습니다. 후지무라는 고등학교를 졸업하고 독학으로 고고학을 공부했는데요, 1981년 미야기현 자자라기座散亂木 유적지에서 4만 년 전 인류의 유물을 발굴했습니다. 일본 선사시대의 역사가 3만 년 전에서 4만 년 전으로 올라가는 기념비적인 발굴이었기에 일본 열도는 흥분했고, 일본 고고학계는 한껏 고무되었습니다.

후지무라의 자자라기 유적 발굴은 시작에 불과했습니다. 1990년대 말까지 180여 회의 유적 발굴을 통해 수많은 유물을 발굴했고, 그때마다 일본의 구석기 연대는 앞당겨졌습니다. 나중에는 무려 70만 년 전의 구석기 유적까지 발굴하여 그의 업적은 교과서에도 실렸고, 그는 구석기문화 연구 제1인자로서 '석기의 신'으로 불리게 되었습니다. 그가 발굴한 구석기 유적지는 국가 사적지로, 그가 발굴한 유물들은 국가 문화재로 지정되었습니다.

그러던 2000년 11월 5일, 일본의 마이니치신문이 일본 열도를 뒤흔든 충격적인 보도를 했습니다. 후지무라 신이치가 70만 년 전 구석기 유물을 날조했다고 폭로한 것입니다. 마이니치 취재팀은 미야기현 카미타카모리上高森 유적지에서 후지무라가 자신이 만든 유물을 몰래 묻는 현장을 촬영했습니다. 덜미를 잡힌 후지무라는 "전부 조작한 것은 아니다"라고 주장했지만, 그가 발견했다고 알려진 유물들은 모두 가짜였음이 밝혀졌습니다.

조작으로 판명된 유물들은 국가 사적 및 문화재 지정이 취소되었고 교과서에 언급된 내용도 삭제되었으며, 후지무라는 고고학계에서 제명당했습니다. 일본고고학회는 2003년 5월 후지무라가 관여했던 구석기 유적 162곳 모두가 날조되었다고 최종 결론을 내렸습니다.

현재 일본에서 가장 오래된 구석기 유적은 이와테현 미야모리무라宮守村의 가네토리金取 유적인데요. 이는 5만~8만 5000년 전의 중기 구석기시대의 것으로 알려지고 있습니다.

후지무라 사건은 그 바탕에 개인의 명예욕이나 영웅심도 작용했겠지만, 오래된 구석기 유적들이 일본의 우월성을 제시해 준다고 철석같이 믿었던 일본의 국민 정서가 바탕에 있었기 때문이었습니다. 물론 일부 전문가들이 후지무라의 발견에 대해 의문을 품고 문제를 지적했지만, 그들의 의견은 일본 대중의 관심을 끌지 못했고 오랫동안 언론도 침묵하고 있었던 것입니다.

결국 후지무라 사건은 일본 고고학계가 역사 날조를 묵인했거나 동조했다는 불명예스러운 사건으로 기록되었습니다. 비록 일본에서 일어난 웃지 못할 촌극이었습니다만, 오래된 역사가 우월하다는 비이성적이며 근거 없는 인식이 빚은 사건이라는 것을 기억해야겠습니다.

단군신화 톺아보기

인류의 기원 못지않게 관심을 끄는 것은 건국신화입니다. 동북아시아와 북방 시베리아의 유목민들은 하늘의 자손, 즉 천손이라는 믿음

한반도 씨앗의 유전자

을 갖고 있었고 왕권은 하늘로부터 부여받은 것이라 생각했습니다.

중국에는 삼황오제신화, 일본에는 아마테라스 오미카미신화, 대한민국에는 단군신화가 있습니다. 이들 신화의 공통점은 하늘나라에 존재하는 신이나 그 신의 자손이 지상에 내려와 나라를 세웠다는 것입니다.

고려시대 승려 일연이 13세기에 쓴 『삼국유사』에 따르면, 단군은 하늘에서 내려온 환웅과 곰의 변신인 웅녀 사이에서 태어났습니다. 환웅이 하늘에서 내려오고 곰이 변해 웅녀가 되었다는 것이 과연 역사인가 싶은 의문도 있습니다. 하지만 신화라는 신이한 기록 속에는 당대 사람들의 집단적 경험과 의식이 반영되어 있다고 합니다.

비록 신화가 믿기 어려운 신비스러운 이야기를 담고 있지만, 그 안에 담긴 역사의 흔적을 좇다 보면 역사적 실체에 다가갈 수 있을 겁니다. 자, 그럼 단군신화에 담긴 역사를 추적해 보겠습니다.

일연의 단군신화는 '고기'에 전하는 내용을 옮긴 것입니다. 여기서 '고기'가 『고기』라는 문헌을 뜻하는지, 아니면 '옛날 기록'이라는 뜻인지는 정확히 파악할 수 없습니다만, 단군신화가 일연이 살았던 기원후 13세기 이전에 문자로 기록돼 있었다는 것은 분명합니다. 이것은 세간에 떠도는 이야기를 일연이 자의로 정리한 것이 아니라는 것을 의미합니다.

단군신화는 크게 세 시기에 대한 기록으로 나눌 수 있습니다. 첫번째 시기의 내용은 다음과 같습니다.

① 하늘나라 환인의 서자 환웅은 천부인 세 개와 3000명의 무리와 함께

홍익인간하기에 적합한 태백산 꼭대기 신단수 아래로 내려와 신시를 열고 풍백, 우사, 운사를 데리고 곡식, 생명, 질병, 형벌, 선악 등 360여 가지를 주관하면서 세상을 다스렸다.

첫 번째 시기는 하늘의 신 환인의 아들 환웅이 무리를 이끌고 땅에 내려와 세상을 다스렸다는 내용입니다. 전형적인 천손강림신화의 형태를 띠고 있는데요. 실제로는 환웅이 하늘에서 내려온 것이 아니고, 자신들을 하늘의 자손이라 생각하는 환웅 집단이 태백산으로 이주해 온 것으로 이해해야 합니다.

특별히 주목할 것은 '홍익인간하기에 적합한 곳'에 신시를 열었다는 대목인데요. 홍익인간은 '널리 인간을 이롭게 하라'는 말이고, '인간을 크게 도우라'는 뜻으로도 풀이합니다. 이를 통해 환웅 집단이 사람을 중시하고 사람을 이롭게 하고자 했던 인본주의 사상에 기초한 집단이었음을 알 수 있습니다. 다음은 두 번째 시기입니다.

② 곰과 호랑이가 같은 굴에 살면서 여자로 태어나게 해 달라고 환웅에게 기원하자, 환웅은 신령스러운 쑥과 마늘을 주면서 이걸 먹고 100일간 햇빛을 보지 않으면 여자가 될 것이라고 말했다. 호랑이는 약속을 지키지 않았으나, 곰은 20일간 햇빛을 보지 않아 여자로 변했다. 그가 웅녀다. 웅녀는 환웅과 혼인하여 단군왕검을 낳았는데, 중국의 요 임금이 즉위한 지 50년이 되는 경인년에 평양에 도읍하고 조선을 건국했다.

한반도 씨앗의 유전자

두 번째 시기에 등장한 곰과 호랑이는 말 그대로의 동물이 아닙니다. 당시 동북아시아에 광범위하게 유행하고 있던 토테미즘이 반영된 것으로, 곰을 숭배하는 곰 집단과 호랑이를 숭배하는 호랑이 집단이 같은 지역에 살고 있었다는 것을 의미합니다.

따라서 두 번째 시기는 선주민인 곰 집단과 호랑이 집단 그리고 새롭게 등장한 환웅 집단 간의 교섭과 대립, 힘겨루기와 융합의 과정을 묘사한 것이라 볼 수 있습니다. 결과적으로 호랑이 집단은 배제되었고, 환웅 집단과 곰 집단의 결합을 통해 단군왕검을 지배자로 하는 조선이라는 한반도 첫 국가가 건국되었습니다.

이 대목에서 단군왕검이 곰이 여자로 변한 웅녀에게서 태어났다는 것은 수렵문화와 관계가 있는 것으로, 동물을 인간의 조상으로 여겼던 동북아시아 여러 민족의 시조신화에 흔히 등장하는 수조신화에서 나온 것입니다. 특히 퉁구스족 사이에는 곰을 인간의 조상으로 생각하는 신화가 널리 퍼져 있습니다. 따라서 고조선을 건국한 단군왕검은 환웅의 아들로서 천손인 동시에 곰의 아들로서 수손이라는 신성한 존재로 묘사된 것입니다.

'단군왕검'은 고유 명사가 아니라 제사장을 의미하는 '단군'과 정치적·군사적 지배자인 '왕검'이 합쳐진 용어로, 아직 종교와 정치가 분리되지 않은 사회 단계인 고조선의 왕을 지칭하는 말입니다. 그리고 고조선의 건국 시기는 '요 임금 즉위 후 50년 경인년'이라 하고 있습니다. 다음은 세 번째 시기입니다.

③ 그 후 단군은 백악산 아사달로 도읍을 옮겼으며, 1500년간 나라를 다스리다가 기자가 조선의 왕이 되자 장당경으로 도읍을 옮겼다. 그 뒤 아사달에 돌아와 숨어서 산신이 되었는데 나이는 1908세였다.

단군이 어떻게 1500년 동안이나 국가를 통치할 수 있느냐고 물을 수 있지만, 단군이라 불린 지배자의 후손 내지는 권력의 승계자가 대를 이어서 국가를 통치한 것으로 이해할 수 있습니다.

흥미로운 것은 '기자'의 등장입니다. 진나라 이전의 문헌인 『죽서기년』, 『상서』, 『논어』 등에서는 기자를 은나라 말기의 현인으로 설명하고 있지만, 한나라 이후 문헌인 『상서대전』, 『사기』, 『한서』 지리지 등에서는 은나라의 충신으로서 은나라 멸망을 전후해 고조선으로 망명해 백성을 교화한 인물로 기록하고 있습니다.

고조선으로 이주한 기자가 왕권을 잡자, 단군은 장당경으로 몸을 피했고, 어느 시기에 아사달로 돌아와 신선이 되었다고 전해집니다. 이때 그의 나이는 1908세였습니다. 하늘로부터 왕권을 부여받은 인물이라고 해도 1908세라는 나이는 믿기 어렵습니다. 따라서 1908이라는 숫자는 고조선을 건국한 단군왕검으로부터 역대 단군이 고조선을 통치한 전체 기간으로 봐야 합니다.

한반도 씨앗의 유전자

단군신화는 신화인가 역사인가

『삼국유사』에 담긴 단군신화에 따르면, 하늘신의 아들과 웅녀가 결합하여 낳은 단군왕검에 의해 기원전 2333년 한반도 첫 나라인 고조선을 건국했고, 대략 2000년 동안 단군의 자손들이 왕위를 이으며 국가를 통치했습니다.

그런데 말입니다. 단군신화를 기록한 또 다른 역사책이 있습니다. 『삼국유사』와 비슷한 시기인 고려 후기 충렬왕 13년(1287년)에 이승휴가 쓴 『제왕운기』입니다. 이 책에 기록된 단군의 모습은 『삼국유사』와는 다른 점이 있습니다. 일단 단군왕검이 아니라 '단웅천왕檀雄天王'이라는 표현을 사용하고, 하늘에서 태백산으로 내려온 환웅의 손녀가 단수신과 혼인하여 단웅천왕, 곧 단군을 낳았다고 했습니다. 또한 고조선의 건국 시기가 요 임금 재위 원년이라고 하였고, 단군이 하백의 딸과 혼인하여 부루를 낳았으며 신라 · 고구려 · 옥저 · 부여 · 예 · 맥 등이 모두 단군의 후예라고 했습니다.

그러면 같은 단군신화인데, 왜 차이가 나는 것일까요? 이유는 두 책이 각기 다른 자료를 바탕으로 서술되었기 때문이라고 추정합니다. 따라서 당시에는 단군에 관해 기록한 자료가 구전뿐만 아니라

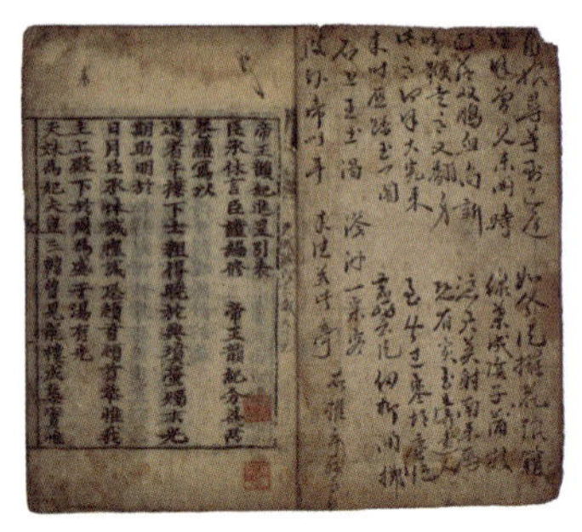

『제왕운기』 ○ 고려 후기 문신 이승휴가 중국과 한국의 역사를 서술한 상하 2권으로 구성된 역사서.

여러 계통으로 존재했다는 것 또한 추정할 수 있습니다. 두 기록 사이에 다소 차이가 있기는 합니다만, 큰 틀에서 보면 '천손신앙을 지닌 환웅 집단과 선주민 집단의 결합을 통해 등장한 단군이 한반도 첫 국가인 조선을 건국했다'라는 공통점을 찾을 수 있습니다.

그럼에도 눈길을 끄는 것은 건국 시기에 대한 다른 기록입니다. 『삼국유사』에서는 '요 임금 즉위 50년'이라 하고 있으나, 요 임금 즉위년은 무진년이어서 50년은 정사년이 됩니다. 이는 '기원전 2333년 고조선 건국'과 맞지 않습니다. 일연이 실수했을 가능성이 높습니다.

『제왕운기』에서는 '요 임금 재위 원년'으로 기록하고 있는데요. 요 임금이 즉위한 해인 무진년에 고조선이 건국되었다는 것입니다. 그러나 성종 16년인 1485년에 서거정 등이 편찬한 『동국통감』에서는 요 임금 즉위년을 갑진년으로 보고, 요 임금 25년 무진년, 즉 기원전 2333년을 고조선이 건국된 해로 기록했습니다.

이렇듯 고조선의 건국 시기에 대해서는 여러 기록이 혼재돼 있고, 그에 따른 다양한 해석도 존재합니다. 사실은 애당초 요 임금이 언제 즉위했는지 불분명하므로 기원전 2333년이라고 확언하기 어렵습니다. 하지만 분명한 것은, 기원전 2333년 이전이든 이후든 단군신화에 기록된 고조선이 한반도에서 건국된 첫 국가라는 사실입니다.

문헌에 기록된 고조선

고조선이 문헌상 처음 등장한 것은 춘추시대 제나라의 재상이었던 관중이 지었다고 전해지는 『관자』에서였습니다. 이 책에는 제나라와 조선 간의 교역에 관한 내용이 기록돼 있는데요. 여기에 고조선이 등장합니다.

환공이 관자에게 물었다. "내가 듣기로 해내에 일곱 가지 옥폐가 있다고 하는데, 들어 볼 수 있겠는가?" 관자가 대답하였다. "음산의 연민이 하나요, 연나라 자산의 백금이 하나요, 발조선의 문피가 하나요, 여수와 한수 우구에서 나는 황금이 하나요, 강양의 진주가 하나요, 진나라 명산의 증청이 하나요, 우씨 변산의 옥이 하나입니다."

_『관자』

환공과 관중의 대화에 언급된 '발조선의 문피'는 '고조선의 무늬 있는 가죽'을 말합니다. 이를 통해 고조선의 특산물인 호랑이나 표범의 가죽이 기원전 7세기경 중원 지역의 제나라까지 알려질 만큼 중요한 교역품의 하나였음을 알 수 있습니다.

3세기 후반 서진의 어환이 편찬한 중국 삼국시대 위나라의 역사서인 『위략』에도 고조선에 관한 기록이 등장하는데요. 『위략』은 전해지지 않지만, 진수가 편찬한 『삼국지』 위서 동이전에서 인용된 내용을 확인할 수 있습니다.

옛 기자의 후예인 조선후는 주나라가 쇠약해지자 연나라가 스스로 높여 왕이 되어 동쪽(기자조선)을 침략하여 땅을 빼앗으려는 것을 보고, 조선후 역시 스스로 왕이라 칭하고 군사를 일으켜 도리어 연나라를 공격하여 주나라 왕실을 받들고자 하였다. 조선의 대부 예가 간언하자 곧 그만두었다… 이후 조선후의 자손이 점점 교만하고 포학해지자, 연나라는 곧 장군 진개를 보내 조선의 서쪽을 공격해 2000여 리의 땅을 빼앗고, 만번한에 이르러 경계를 삼았다. 조선은 마침내 쇠약해졌다.

_『삼국지』 위서 동이전

『위략』에 보이는 고조선과 연나라는 기원전 4세기 후반에서 기원전 3세기 전반에 각축하고 있었습니다. 당시 고조선은 연나라에 맞설 만한 군사력을 보유하고 있었고, 2000여 리의 땅을 빼앗길 정도로 상당한 정도의 영토를 갖고 있었습니다. 국가 체제도 정비했습니다. 예컨대 연나라 공격을 중단하도록 간언하였던 예가 대부였다는 점으로 미루어 고조선에 관료 조직이 있었음을 알 수 있습니다.

이와 같은 문헌상 기록을 토대로 고조선이 최소한 기원전 7세기경 혹은 그 이전부터 존재했음을 파악할 수 있는데요. 문헌 기록으로 남아 있지 않지만, 고조선의 존재를 증명해 주는 고고학적 유적과 유물이 있습니다. 바로 고인돌과 비파형 동검입니다.

한반도 씨앗의 유전자

고조선이 남긴 유물

　청동기시대에 고조선을 세운 정치 세력들은 오늘날의 남만주 요동반도와 한반도의 서북부에 흩어져 살았습니다. 농경이 발달했고, 주민은 언어와 풍속이 비슷한 예족과 맥족이었습니다. 초기에는 조그만 세력이었지만, 청동기 문화의 발달로 점점 세력을 확장했습니다.

　청동기시대는 기원전 2000년 무렵, 중국의 요동 지역과 한반도에서 시작되었는데요. 기원전 15~10세기에 이르러 크게 발전했습니다. 하지만 요하 동쪽과 한반도에서 나오는 청동기는 중국 황하 지역이나 내몽골 남쪽 끝인 오르도스 지역의 청동기와 확연히 다릅니다.

　고조선의 대표적인 청동기 유물은 생김새가 비파를 닮은 비파형

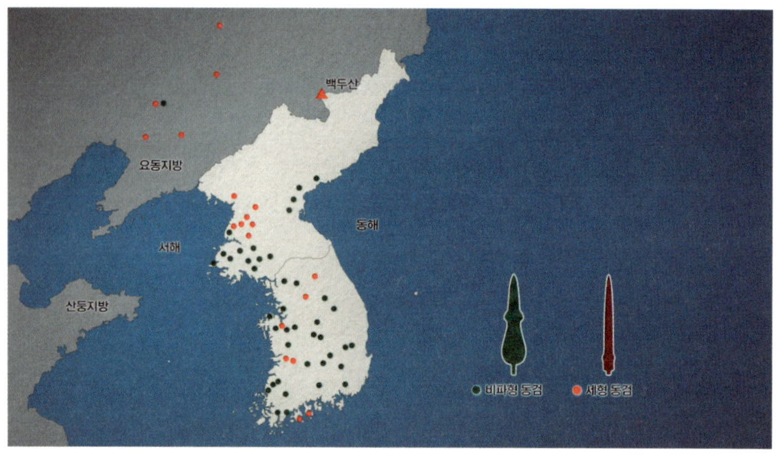

청동기시대 청동검 분포 지역

동검인데요. 주로 돌널무덤이나 고인돌에서 장식이 없고 기하학무늬가 있는 청동거울이나 청동단추 같은 장식품들과 함께 발견되고 있습니다. 검신의 길이는 보통 30~40센티미터 내외이며, 5센티미터 이내의 짧은 슴베가 달려 있습니다. 칼날 아래쪽은 비파의 공명통처럼 둥그스름한 곡선을 이루고 있으며, 검신의 중심부가 동물의 등뼈처럼 볼록 튀어나와 있는 것이 특징입니다.

기원전 4세기 무렵에 연나라가 요서 지역을 포함한 고조선의 서쪽을 공격하자, 고조선은 중심지를 한반도 서북쪽으로 옮기게 됩니다. 이후 남만주 지역과 한반도에서는 길고 가느다란 모양을 한 세형동검이 나타나는데요. 고조선의 영역에서만 출토되어 한국식 동검이라고도 부릅니다.

비파형 동검 ○ 위쪽이 가늘고 아래쪽이 두꺼운 모습이 중국 악기 '비파'를 닮아 비파형 동검이라고 부른다.

세형동검 ○ 검몸의 폭이 좁아 세형동검이라고 부른다.

한반도 씨앗의 유전자

세계 주요 거석 문화 분포도

청동기시대 고조선의 또 하나의 지표 유물은 돌무덤의 일종인 고인돌입니다. 세계의 고인돌은 유라시아 대륙을 에워싸고 있는 해양에 인접된 지역을 중심으로 분포하고 있는데요. 한반도를 중심으로 중국 랴오닝 지역과 일본 규슈 지역을 잇는 동북아시아 지역은 하나의 고인돌 분포권을 형성하고 있습니다.

한반도에만 무려 3~4만여 기가 분포한 것으로 추산하고 있는데요. 특히 세계유산으로 등재된 고창·화순·강화 고인돌 유적은 밀집분포도, 형식의 다양성으로 고인돌의 형성과 발전 과정을 규명하는 중요한 유적이며 유럽, 중국, 일본과도 비교할 수 없는 독특한 특색을 가지고 있습니다. 고인돌에 부장된 유물들은 주로 무기·토기·장신구 등인데, 가장 대표적인 무기는 간돌검과 간돌화살촉 그리고 비파형 동검입니다.

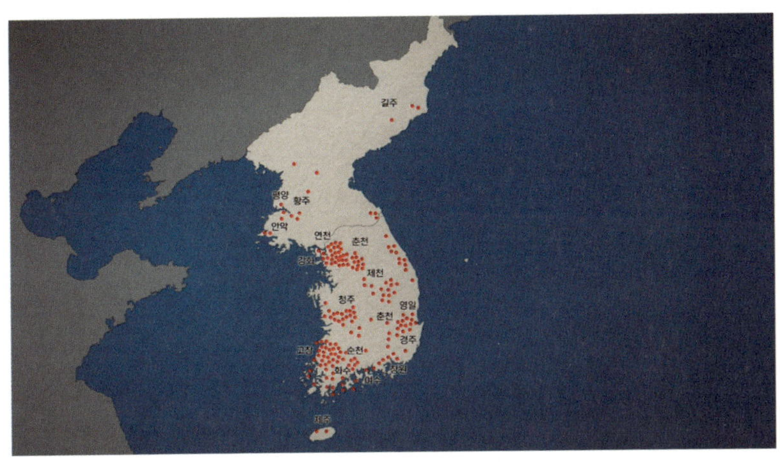

우리나라 고인돌 분포도

고조선을 바라보는 새로운 시각

청동기시대의 시작을 기원전 2000년경 또는 15세기에서 10세기 경으로 본다면, 단군 기원인 기원전 2333년보다는 뒤가 되지만 크게 차이가 나는 것은 아닙니다. 사실 단군이 고조선을 세우기까지에는 환웅과 곰으로 대표되는 여러 집단의 통합 과정이 있었습니다. 따라서 고조선 건국 이전에도 상당한 규모와 세력을 가진 집단들이 공존하고 있었다는 것을 알 수 있습니다.

그런데요, 최근 고조선을 바라보는 다양한 시각 중 흥미로운 가설이 있어 하나 소개할까 합니다. 중국의 요하 유역에서 뒤늦게 발견되어 중국은 물론 세계 고고학계의 관심을 끌고 있는 요하 문명과 고조선의 기원에 관한 이야기입니다.

　본디 중국 문명의 시작은 만리장성 아래쪽, 즉 안쪽인 황하 유역이었습니다. 세계 4대 문명으로 꼽히는 황하문명입니다. 그런데 1970~1980년대에 만리장성 바깥에서 황하문명보다 이른 시기의 신석기 문화가 발굴되었습니다. 기원전 4500~3000년의 홍산 문화와 홍산 문화 후기인 기원전 3500~3000년에 속하는 우하량 유적지에서 대규모 적석총, 제단, 여신사당 등을 갖춘 유적이 발견된 것입니다.

　한동안 충격에 빠졌던 중국은 국가 주도의 역사 공정을 통해서 요하 문명을 중화 문명의 발상지로 재정립하는 작업에 나섰습니다. 첫째, 황제의 손자인 전욱 고양씨와 제곡 고신씨 두 씨족 부락이 하북성과 요녕성이 교차하는 유연 지역에서 살면서 북방 민족들의 시조가 되었

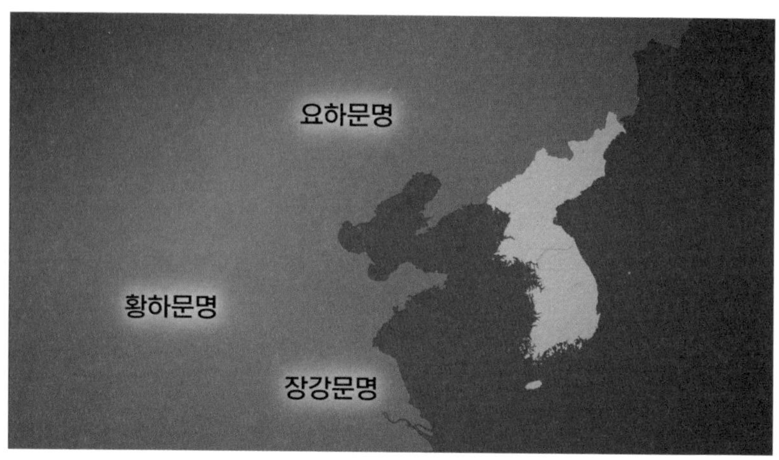

중국 문명 분포도

다. 둘째, 신석기시대 이후 만주 일대에서 발원한 모든 민족은 황제족의 후예다. 셋째, 요하 문명의 핵심인 홍산 문명은 황제족의 후예인 전욱 고양씨 계통에 의한 문화다. 넷째, 결론적으로 이 일대에서 발원한 모든 민족과 역사는 중화민족의 역사다.

그런데 요하 문명에서 발견되는 중석기 시대의 세석기 문화, 빗살무늬토기, 각종 적석총과 석관묘, 치를 갖춘 석성, 비파형 동검 등은 중국의 중원에서 기원한 문화와는 전혀 다른 시베리아 남단→몽골 초원→만주 지역→한반도→일본으로 이어지는 북방 계통 문화입니다.

『고조선 문명의 기원과 요하 문명』의 저자 우실하 교수는 요하 문명의 주도 세력을 황제족으로 보는 것은 무리라고 말하며 네 가지 근거를 듭니다. 첫째, 홍산인 일부가 중원 지역으로 남하하여 황제족으로 세력화되었다. 둘째, 홍산인 일부는 곰토템족으로서 환웅족이 이주해 왔을 때 결합하는 웅녀 집단이다. 셋째, 따라서 홍산인은 황제족과 고조선의 공동 조상이 될 수 있다. 넷째, 요하 문명은 '동북아시아 공통의 시원 문명'으로 봐야 한다.

우 교수는 고조선의 건국 시기를 기원전 2333년경으로 보든, 기원전 10~8세기로 보든 상관없이 고조선이 건국되는 시기는 원시적인 시대가 아니라는 것이 요하 문명의 발견으로 증명되었으며, 실제 요하 문명의 주체가 고조선을 건국한 세력일 수 있다는 가설 아래 한국학계의 적극적인 연구를 요청하고 있습니다.

2024년에는 국제학술지 「네이처」에 한국어·일본어·퉁구스어·몽골어·투르크어 등 트랜스유라시아어가 약 9000년 전 요하 유역에

한반도 씨앗의 유전자

서 기장 농사를 짓던 경작인들의 언어라는 내용을 담은 논문이 게재되었습니다.

11개국 35개 연구 기관으로 구성된 독일 막스플랑크 인류사연구소가 주도한 연구 결과에 따르면, 초기 신석기시대인 9000년 전 중국 동북부 요하 지역에서 기장을 재배하던 농부들이 동쪽과 서쪽으로 이동하면서 트랜스유라시아어가 확산됐다는 것입니다.

요하 문명과 트랜스유라시아어의 기원지가 같다는 것은 요하 문명의 주체가 트랜스유라시아어를 쓰던 사람들이라는 것입니다. 만일 우 교수가 추정하는 대로 요하 문명을 건설한 주체가 고조선과 연결된다면, 고조선 건국 시기는 훨씬 전으로 당겨질 수도 있을 것입니다. 그렇지만 오래된 역사가 반드시 필요한 것도 아니고, 좋은 것도 중요한

트랜스유라시아 어족의 기원지

것도 자랑할 것도 아닙니다.

일본 구석기의 연대를 끌어올리기 위해 유물을 날조한 후지무라 신이치처럼 미몽에 빠지거나, 조선을 식민 지배하면서 조선의 역사를 일본보다 짧게 끌어내리기 위해 단군신화를 부정하고 지운 일본 학자들과 같은 태도는 경계해야 합니다.

단군신화는 청동기시대 한반도 첫 국가를 건국한 정치 세력의 이야기를 신비스럽게 기록한 것입니다. 단군신화는 고조선을 건국한 이들을 하늘의 자손이며 하늘의 명을 받고 통치권을 행사하는 신성한 존재로 묘사했습니다. 이에 대해서는 고고학·역사학·인류학·신화학·언어학 등 관련 분야의 통섭적 연구를 통해 역사적 실체에 좀 더 다가가야 할 것입니다.

그런데요. 만일 단군신화가 없다면, 과연 우리 역사의 시작을 어떻게 설명할 수 있을까요? 단군신화는 한반도 첫 국가의 기원을 통해 한반도 문명의 시작을 알린 우리 역사의 기원이자 뿌리를 밝혀 주는 시원의 유전자입니다. 단군신화로 우리 역사는 시작되었고, 널리 사람을 이롭게 하라는 홍익인간의 이상은 대한민국의 현재와 미래뿐만 아니라, 세계를 밝히는 등불이 되어 영원히 빛날 것입니다.

한반도 씨앗의 유전자

3강

통합의 삼국통일

통일과 통합의 유전자

4~7세기에 고구려·백제·신라는 한반도의 패권을 다투었습니다. 신라는 백제와 고구려에 승리했고, '삼한일가'를 외치며 당을 물리치며, 통일 국가를 이루었습니다. 고조선 멸망 이후 지속된 분열의 끝이었고, 한민족 정체성이 복원되었습니다. 삼국은 하나가 되었고, 고려와 조선으로 계승되면서 하나의 국가라는 한민족 통합의 역사를 만들었습니다. 해방 후 한반도는 남북으로 갈라졌지만, 신라가 뿌린 통일과 통합의 유전자는 분단의 모순을 극복하는 희망의 씨앗이 될 것입니다.

삼국의 흥망과 통일의 길

고조선 멸망	기원전 108년	
백제 전성기(근초고왕)	4세기	한강 유역을 장악하다.
고구려 전성기 (광개토대왕 · 장수왕)	5세기	만주와 한반도 북부를 아우르며 최대 영토를 개척하다.
신라 전성기(진흥왕)	6세기	한강과 낙동강 유역을 확보하다.
나당동맹 체결	648년	외교로 판도를 바꿀 전환점을 마련하다.
백제와 고구려 멸망	660~668년	나당연합군의 공세로 삼국 질서가 붕괴되다.
신라, 나당전쟁 승리	676년	당을 축출하고 한반도 통일의 기틀을 세우다.

삼국시대가 열리다

한민족 첫 국가는 기원전 2333년에 건국한 고조선입니다. 고조선은 2000년 정도 국가를 유지했지만, 안타깝게도 기원전 108년 한나라에 의해 멸망했습니다. 한나라는 점령지에 한사군을 설치했지만, 한민족의 역사는 끊어지지 않았습니다.

고조선의 고토에서 부여와 고구려가 일어났고, 동예·옥저·마한·변한·진한·가야 등 많은 나라가 깃발을 올렸습니다. 기원후 313년경에 고구려가 한사군의 낙랑과 대방을 물리치면서 한민족의 역사를 다시 세웠고, 고구려와 더불어 백제, 신라가 성장하면서 삼국시대가 열렸습니다. 그리고 삼국을 통일한 것은 신라였습니다.

오랜 역사 못지않게 큰 나라에 대한 열망도 큰 것 같습니다. 얘기를 나누다 보면 "고구려가 삼국을 통일했으면 좋았을 텐데"라는 말을 자주 듣습니다. 삼국 가운데 고구려가 가장 넓은 영토를 통치한 강한 나라였기 때문이고, 고구려가 삼국을 통일했다면 대한민국의 영토가 지금보다 훨씬 넓으리라고 추측하기 때문일 겁니다.

그러나 700년 정도 지속된 삼국시대를 마감하고, 삼국을 통일한 것은 삼국 중 가장 국력이 약하고 영토가 가장 작았던 신라였습니다. 그러면 어떻게 소국이 대국을 이기고 삼국을 통일할 수 있었을까요? 지금부터 백제와 고구려를 쓰러뜨리고 삼국통일을 이룬 신라의 삼국

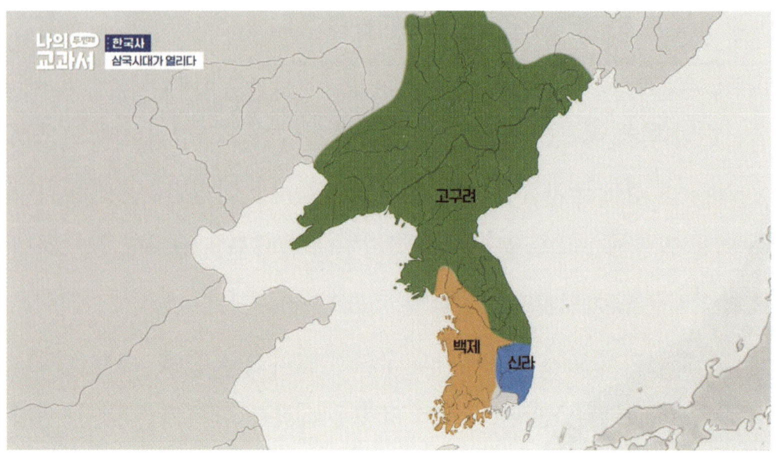

4세기 한반도의 상황 ○ 백제는 대방군과 낙랑군 일부 지역을 확보했으며, 마한 세력을 통합하고 가야 지역까지 진출해 전성기를 맞이했다.

통일과 삼한통합의 유전자를 추적해 보겠습니다.

왼쪽 아래 지도는 4세기 삼국이 경합하던 한반도의 상황을 보여줍니다. 역시 북쪽에 자리한 고구려의 영토가 가장 넓고, 백제와 신라는 한반도의 남쪽을 양분하고 있습니다. 자세히 보면 백제의 영토가 평양 아래 예성강까지 확장돼 있습니다. 맞습니다. 4세기는 백제의 전성기였습니다.

백제 제13대 근초고왕(재위 346~375)은 활발한 정복 활동을 펼쳐, 남쪽으로는 마한 세력을 통합하고 가야 지역까지 진출했습니다. 북쪽으로는 대방군과 낙랑군 일부 지역을 확보했고, 평양성까지 진출해서 고국원왕을 전사하게 했습니다. 그리고 바다 건너 요서와 왜에도 진출

5세기 한반도의 상황 ○ 고구려는 만주와 한반도 북부를 아우르는 영토를 개척해 전성기를 맞이했다.

하여 활발히 교류하면서 백제 역사상 최대 영토를 지배하며 전성기를 구가했습니다.

이어지는 5세기는 고구려의 전성기였습니다. 정복 군주로 유명한 광개토대왕(재위 391~413)은 요동 지방을 완전히 차지하고 동북쪽으로는 숙신지금의 만주와 연해주 지방에 살던 퉁구스족을 복속시켰으며, 남쪽으로는 백제를 쳐서 한강 북쪽까지 진출해 만주와 한반도 북부를 아우르는 광활한 영토를 개척했습니다.

그러나 고구려가 가장 넓은 영토를 지배한 것은 아들 장수왕(재위 413~491) 때였습니다. 고구려의 제20대 왕인 장수왕은 427년 평양으로 수도를 옮기면서 강력한 남진정책을 추진했는데요. 475년에는 백제의 수도 한성을 함락시키고 한강 유역을 확보했으며, 이후 충청도 북부까지 영토를 확장했습니다. 당시 백제 개로왕이 죽임을 당했고, 왕자 문주는 폐허에서 왕위에 오른 후 그해 10월 웅진으로 수도를 옮겨야 했습니다.

6세기는 신라의 전성기였습니다. 가장 넓은 영토를 확보한 것은 진흥왕(재위 540~576) 때였습니다. 장수왕의 평양 천도 이후 고구려를 견제하기 위해 두 번째 나제동맹을 체결했던 신라와 백제 연합군은 551년 고구려를 공격해 신라는 한강 상류, 백제는 한강 하류를 점령했습니다.

그런데 진흥왕은 중국과의 직접적인 교통로를 구축하고 한강 유역의 인적·물적 자원을 획득하기 위해 553년에 백제가 점령한 한강 하류를 빼앗았습니다. 562년에는 이사부를 보내 대가야를 멸망시키면

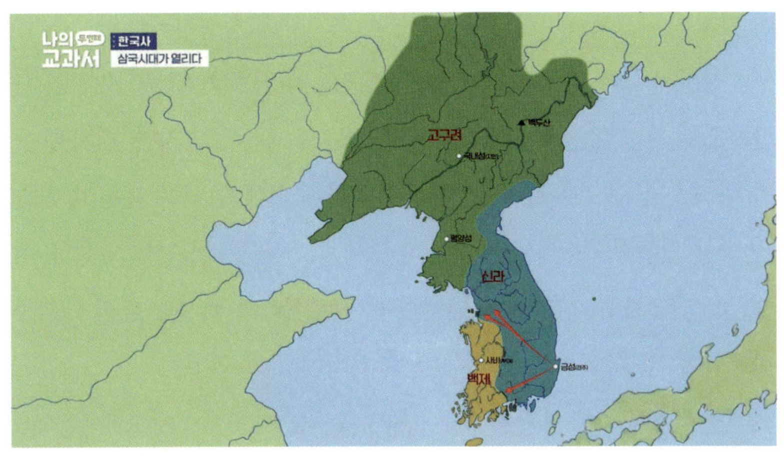

6세기 한반도의 상황 ○ 신라는 남쪽으로 낙동강 유역을, 북쪽으로는 함흥평야까지 영토를 개척해 전성기를 맞이했다.

서 낙동강 유역을 차지했고, 568년에는 동해안을 따라 북진해 함흥평야까지 영토를 확장했습니다.

나제동맹을 깨고, 위기에 빠진 신라

진흥왕은 영토를 확장하며 전성기를 맞았으나, 한강 유역을 차지하기 위해 나제동맹을 깬 것은 이후 고구려와 백제를 모두 적으로 돌리는 위험한 도박이었습니다. 신라에게 한강을 빼앗긴 백제 성왕(재위 523~554)은 554년 신라를 응징하기 위해 왜와 가야의 군대까지 끌어들

통일과 통합의 유전자

여 전쟁을 일으켰습니다.

성왕의 태자 여창이 이끄는 백제군은 지금의 충청북도 옥천인 관산성으로 진군했습니다. 백제는 처음에는 우세를 보였지만, 태자를 돕기 위해 관산성으로 향하던 백제 성왕이 구천에서 신라 복병의 기습을 받아 전사함으로써 전세는 한순간에 역전되었고, 3만에 달하는 백제군은 전멸했습니다. 특히 성왕의 전사로 신라와 백제는 다시 관계를 회복할 수 없는, 돌아올 수 없는 강을 건너게 되었습니다.

성왕 전사 이후 힘든 시기를 보내던 백제는 제30대 무왕(재위 600~641)에 이어 제31대 의자왕(재위 641~660)이 즉위하면서 신라에 대한 적극적인 공세를 전개합니다. 642년 7월에는 의자왕이 직접 군대를 거느리고 신라 서쪽의 40여 성을 함락시켰습니다. 8월에는 고구려와 연합하여 중국으로 가는 신라의 교통 거점인 당항성지금의 경기도 화성시 남양동을 공격했고, 장군 윤충이 1만의 병력을 동원해 경상남도 서부 지역을 통괄하는 신라의 군사 요충지인 대야성을 공격했습니다.

대야성은 562년 이사부가 이끄는 신라군이 대가야를 멸망시키고 가야 소국들을 모두 점령한 후에 경상남도 서부 지역의 통치 거점이 된 곳입니다. 소백산맥을 넘어 침입하는 백제군을 막으려면, 반드시 지켜야 하는 곳이었습니다.

당시 대야성은 김춘추의 사위인 도독 김품석이 지키고 있었습니다. 김품석의 장수 죽죽은 "쥐처럼 엎드려 삶을 구하는 것은 호랑이처럼 싸우다가 죽는 것만 못하다"라고 말하며 결사 항전을 주장했지만, 백제군의 기세에 눌린 김품석은 싸워 보지도 않고, 처자를 죽이고 스

3강 통합의 삼국통일

스로 자결했다고도 하고, 항복했는데 죽임을 당했다고도 합니다.

대야성을 장악한 백제군은 신라인 남녀 1000여 명을 사로잡았고 병력을 주둔시켜 성을 지키게 했습니다. 군사적 요충지인 대야성을 빼앗긴 신라의 방어선은 지금의 경상북도 경산인 압량까지 후퇴하게 되었고, 신라 조정은 충격과 공포에 휩싸였습니다.

한편, 딸과 사위가 죽었다는 소식을 들은 김춘추는 깊은 슬픔에 잠겼습니다. 『삼국사기』에 따르면 김춘추는 기둥에 기대어 서서 하루 종일 눈도 깜빡이지 않았고, 한동안은 사람이나 물건이 앞을 지나가도 알아보지 못했다고 합니다.

그러나 마냥 슬픔에 빠져 있을 수만은 없었습니다. 피눈물을 흘리며 복수를 다짐한 김춘추는 선덕여왕을 찾아가 복수할 기회를 달라며 간청했습니다. 고구려로 가서 군사적 지원을 얻어 백제에게 원수를 갚겠다고 간곡하게 부탁하자 선덕여왕은 허락했습니다.

제대로 싸워 보지도 못하고 대야성을 빼앗긴 것은 신라에게는 치욕스러운 일이었고 국가 안보상 크나큰 위기였지만, 동시에 백제에 대한 복수가 시작되는 순간이자 삼국통일과 삼한통합이라는 대업을 이루기 위한 김춘추의 눈부신 외교의 시작이었습니다.

목숨을 건 김춘추의 외교

김춘추가 처음 찾아간 곳은 고구려였습니다. 신라를 지키기 위해서는 고구려의 힘을 빌릴 수밖에 없다고 판단했습니다. 642년, 김춘추는 마지막 길이 될지도 모르는 평양행을 결행했습니다. 김춘추가 떠나기 직전 김유신은 60일 안에 김춘추가 살아 돌아오지 못한다면 자신이 보복하겠다고 했고, 두 사람은 손가락을 깨물어 피를 나누며 맹세했습니다.

평양에 도착한 김춘추는 뜻밖에도 연개소문의 환대를 받았고, 보장왕에게 군사 지원을 요청했습니다. 보장왕은 신라가 빼앗아 간 죽령 서북 영토를 반환하면 구원군을 보내겠다고 답했습니다. 이것은 거절과 다름없는 요구였습니다. 결정 권한이 없는 김춘추로서는 답할 수 없는 문제였기 때문입니다.

김춘추는 신하로서 결정권이 없다는 핑계를 댔지만, 결국 옥에 갇혔습니다. 그러나 김춘추는 포기하지 않았습니다. 이대로 옥에 앉아 죽을 수는 없었습니다. 김춘추는 보장왕의 총신 선도해를 매수해 '한강 이북은 원래 고구려 땅이니 귀국하면 돌려주겠다'라고 거짓말을 하고는 고구려를 탈출했습니다.

김춘추의 청병외교가 아무 성과 없이 실패로 끝나자, 643년 김춘추와 정치적으로 대립하고 있던 신라의 구 귀족 세력은 당에 사신을 보내 백제와 고구려의 공격으로부터 신라를 구원해 달라며 군사적 지원을 요청했습니다. 그런데 당 태종 이세민은 군사적 지원 대신 뜻밖의 방책을 제시했습니다.

청병외교
적의 침략에 대응해 타국에 군대의 지원을 청하거나 출병하기를 요청하는 외교.

3강 통합의 삼국통일

첫째, 자신이 직접 거란과 말갈의 군사를 이끌고 요동을 치면 신라의 위기
는 자연히 풀린다.

둘째, 신라군이 당의 군복을 입고 당기를 쓰면 당 태종의 군대라고 생각한
고구려와 백제군은 모두 도망갈 것이다.

셋째, 신라는 여왕으로 인해 이웃 나라의 멸시를 받고 있으므로 자신의 종
친 중 한 사람을 보내 신라의 왕으로 삼았다가 나라가 안정되면 귀환시킨다.

당 태종 이세민의 황당한 제안 외에 아무런 지원도 얻지 못한 구
귀족세력의 청병외교 또한 실패로 끝났습니다. 이후 신라 내부에서는
구 귀족과 신 귀족 간 갈등이 발생했고, 647년에는 급기야 구 귀족인
상대등 비담과 염종이 왕이 통치를 잘못한다며 반란을 일으켰습니다.

이는 구 세력과 신흥 세력의 권력 쟁탈전이었습니다. 비담의 난이
일어났을 때 김춘추는 왜에 건너가 있었지만, 난은 김유신에 의해 진
압되었습니다. 정변 와중에 선덕여왕이 세상을 떠났으나, 김유신은 구
세력의 대표인 알천을 포섭하여 647년에 마지막 성골이었던 진평왕의
조카 승만을 진덕여왕으로 즉위시킴으로써 신흥 세력인 무열계가 실
권을 장악하게 되었고, 이후 대당 외교 또한 김춘추와 김유신 등이 주
도하게 되었습니다.

김춘추가 두 번째로 찾아간 곳은 왜였습
니다. 645년 왜에서는 정변으로 새로운 대화
개신정권이 들어섰고, 신라와 관계를 개선하
고자 했습니다. 왜의 정세를 파악하고 있던

대화개신정권
나카노오에 황자와 나카토
미노 가마타리 등이 정변을
일으켜 친백제정책을 취하
던 소가노 에미시, 이루카
부자를 타도하고 세운 정권.

김춘추는 647년 바다를 건넜습니다. 그리고 유사시 상호 긴밀하게 협력하기로 약속을 주고받았습니다. 신라가 백제를 칠 때, 왜가 백제 편에 서면 절대 신라에 이로울 게 없기에 취한 조치였습니다.

김춘추가 세 번째로 찾아간 곳은 당이었습니다. 648년 김춘추는 넷째 아들 문왕과 함께 당에 가서 백제를 치기 위한 군사적 지원을 요청했습니다. 당시 당 태종은 645년 고구려 원정에 실패했기 때문에 대고구려전의 전략을 수정해야 하는 상황이었고, 김춘추는 그런 당 태종의 생각을 읽어 냈습니다.

사실 당은 645년 고구려 원정 당시 군수품 보급에 상당한 어려움을 겪었습니다. 신라에서 군수품을 조달할 수 있다면, 보급의 어려움은 사전에 피할 수 있다고 판단했습니다. 또한 신라와 연대하면 남과 북에서 고구려를 협공함으로써 고구려의 군사력을 분산시킬 수 있는 효과도 기대할 수 있었습니다.

결국 양국의 이해가 맞아 나당동맹이 성립되었습니다. 당 태종은 신라에 군사적 지원을 약속했고 당과 신라가 연합하여 고구려와 백제를 평정한 다음, 평양 이남의 고구려와 백제 땅은 신라가, 평양 이북은 당나라가 차지하기로 약속했습니다.

김춘추는 아들 문왕을 당에 두고 귀국했습니다. 이것을 숙위외교라고 합니다. 동아시아에서 숙위는 중국 당나라의 궁궐에서 황제를 호위하는 주변 여러 나라의 왕자들을 일컬었습니다. 김춘추가 아들을 숙위로 당에 둔 것은 당과의 동맹을 굳건하게 유지하기 위함이었습니다. 아들 문왕을 통해 당의 선진 문물을 직접 받아들이겠다는 의도도 있었

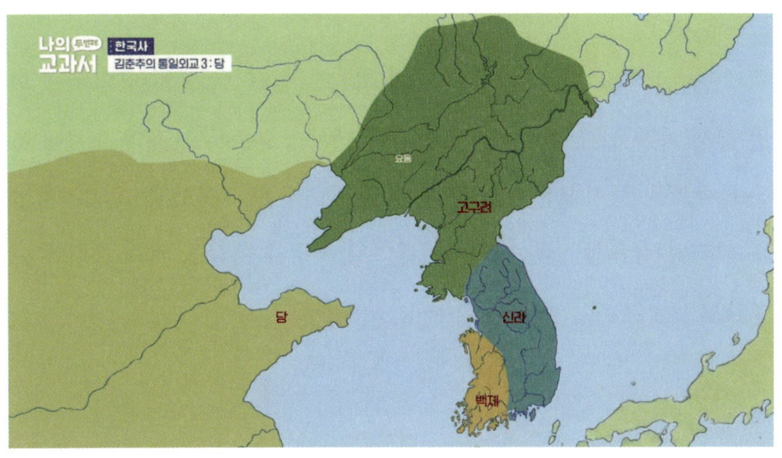

나당동맹 ○ 평양 이남의 고구려와 백제 땅은 신라가, 평양 이북은 당나라가 차지하기로 약속했다.

습니다. 그러나 동시에 숙위는 볼모나 다름없는 존재였습니다.

신라로 돌아온 김춘추는 당의 문물과 제도를 수용하는 한화 정책을 적극적으로 추진했습니다. 649년 정월에 중국의 의관을 수용하여 착용하는 조치를 취하였고, 그 다음해에는 독자적인 연호를 폐기하고 당의 연호인 '영휘永徽'를 사용하기 시작했습니다. 649년 당 태종이 죽고 아들 고종이 즉위했습니다. 그리고 654년 신라에서는 진골 출신으로는 처음으로 김춘추가 왕위에 올랐고, 나당동맹은 백제와 고구려에 대한 공동 군사 작전을 결정하고 실행하는 단계로 나아갔습니다.

655년 고구려가 백제, 말갈과 함께 신라 북쪽 국경을 공격하여 33성을 탈취하자, 신라의 태종무열왕은 당에 원군을 요청하였고, 당은 이에 응해 정명진과 소정방 두 장수를 보내 고구려를 공격해 신라를 도왔습니다.

659년 4월 태종무열왕은 당에 사신을 보내 백제 정벌 전쟁을 위한 군사 파견을 요청했습니다. 660년 3월 당 고종은 신라의 요청에 부응해 소정방을 사령관으로 하는 13만의 대군을 파견했고, 태종무열왕도 태자와 김유신 등과 더불어 5만의 정예병을 이끌고 백제 공격에 나섰습니다.

나당연합군, 백제와 고구려를 차례로 무너뜨리다

660년 7월 9일, 김유신의 신라군은 황산벌에서 계백의 5000결사대와 일전을 벌였습니다. 신라군은 수적으로 우세했지만, 계백이 먼저 험한 곳에 삼영을 설치했고, 결사적으로 항전했기 때문에 네 번이나 연속해서 패했습니다.

이때 전세를 역전시킨 것은 젊은 화랑들이었습니다. 김유신의 동생 김흠순의 아들 반굴과 장군 품일의 아들 관창은 단기필마로 적진으로 돌진해 싸우다가 장렬하게 전사함으로써 다른 병사들이 분전할 수 있는 기폭제 역할을 했고, 결국 신라군은 대승을 거두었습니다.

황산벌을 돌파한 신라군은 7월 11일 기

삼영
논산시 연산면 신양리 황산벌 일대 산성 3개소에 설치한 군영.

단기필마
'말 한 필과 기병 한 명'이라는 뜻의 한자어로, 의지할 동료나 지원 없이 홀로 행동하는 상황을 비유하는 표현.

벌포에서 소정방의 13만 당군과 합세했고, 7월 12일 사비성을 포위했습니다. 나당연합군의 침공에 아무런 대비가 없었던 백제는 13일 왕자 융과 대좌평백제의 최고 관직 천복 등이 항복했고, 18일에는 웅진으로 피난 갔던 의자왕도 돌아와 항복함으로써 백제 700년 역사는 막을 내렸습니다. 당시 상황을 『삼국사기』는 다음과 같이 기록하고 있습니다.

> 왕과 정방 및 제장은 당상에 앉고 의자왕과 아들 융은 당하에 앉아서 혹은 의자왕에게 술잔을 나르게 하니 백제 좌평 등 군신은 슬피 울지 않는 자 없었다.
>
> _『삼국사기』

백제 멸망 이후 임존성의 흑치상지, 의자왕의 사촌 동생 귀실복신, 승려 도침 등이 의자왕의 아들 부여풍을 왕으로 추대하고 백제 부흥 전쟁을 일으켰습니다. 663년 8월에는 왜가 백촌강 전투에 군사 2만 7000명과 함선 1000척에 이르는 대군을 파견해 백제를 지원했지만 끝내 나당연합군에 패배했습니다.

백제의 부흥 전쟁에서 승리한 나당연합군은 여세를 몰아 고구려를 공략했습니다. 멸망한 백제 땅에 군사 기지를 갖게 된 당군은 이를 발판으로 쉽게 평양을 공격할 수 있었고 신라로부터 병사와 군량을 지원받을 수 있었습니다.

666년 강력한 지도자였던 고구려의 연개소문이 죽자, 동생 연정토와 세 아들 남생, 남건, 남산 사이에 권력 투쟁이 벌어졌습니다. 장남

남생이 막리지를 계승했으나 동생에게 쫓겨 국내성으로 피신했다가 10만 호를 이끌고 당에 투항했고, 연정토는 신라에 투항했습니다. 고구려 지배층이 권력 쟁탈전으로 분열하자, 고구려 공략의 적기라고 판단한 당은 667년 9월 총공격을 감행했고, 668년 평양성을 함락해 고구려 역시 역사의 무대에서 사라지게 되었습니다.

신라는 백제 공략이라는 목표를 이루었습니다. 백제에게 대야성을 빼앗기고 수세에 몰렸던 신라였지만 나당동맹을 성사시키고 후방의 왜와도 우호적인 관계를 형성하면서 반전의 드라마를 썼습니다. 신라는 삼국 중 가장 작은 나라였지만 내부적으로 단합했고, 동아시아의 강국인 당을 동맹국으로 끌어들임으로써 국가를 보위할 수 있었습니다. 후대의 관점에서 외세를 끌어들였다는 비판적 평가도 있지만, 국가의 생존을 위해 선택한 기민하고 탁월한 외교라는 평가도 있습니다.

수당전쟁의 승리로 통일을 이루다

사실상 삼국은 오랫동안 전쟁을 했고, 상대국의 왕을 죽이는 일까지 불사했습니다. 때로는 고구려와 신라, 때로는 백제와 신라, 때로는 고구려와 백제가 연대하거나 동맹을 맺으면서 국가의 안위와 국익을 위해 각축했습니다. 각각 다른 나라로 인식했고, 언어가 통했지만 같은 민족이라는 의식은 강하지 않았습니다.

흥미로운 변화는 나당연합군이 백제와 고구려를 멸망시킨 다음에

3강 통합의 삼국통일

일어났습니다. 본디 신라의 목표는 백제, 당의 목표는 고구려였습니다. 나당동맹을 맺을 때 김춘추와 당 태종은 백제와 고구려를 평정한 후에는 대동강 이남은 신라, 이북은 당이 차지하기로 약속했습니다.

그런데 당은 동맹국 신라를 배신하고 신라까지 점령하려는 야욕을 드러냈습니다. 백제 땅에 웅진도독부를 설치했고, 663년에는 신라 영토를 계림주로 삼고, 문무왕에게 '계림주 대도독'이라는 관호를 내렸습니다. 고구려를 멸망시킨 668년에는 평양에 안동도호부를 설치함으로써 한반도 전체를 지배하려 했습니다.

만일 당이 약속을 지켰다면, 백제 평정에서 끝날 수도 있었을 겁니다. 그런데 역사는 그렇게 움직이지 않았습니다. 신라와 당의 갈등은 고조되었고, 신라는 영토 분쟁과 자주성 손상을 근원적으로 해결하기 위하여 국가의 명운을 걸고 당과 일전을 겨루게 되었습니다. 670년(문무왕 10년) 고구려의 부흥군이 당군과 싸우는 전장에 1만의 신라군을 투입했고, 당이 지배하고 있던 백제 고지를 대대적으로 공격했습니다. 7년간의 나당전쟁이 시작된 것입니다.

중국을 통일하고 백제와 고구려를 멸망시킨 당은 강국이었습니다. 그렇지만 당시 국제 정세는 신라에게 유리한 측면도 있었습니다. 669년 서역에서 성장한 토번이 천산남로를 습격했고, 이를 막기 위해 당나라의 장수 설인귀의 한반도 주둔 병

통일과 통합의 유전자

력이 청해에 투입되었습니다. 이로 인해 요동이나 한반도 북부 지역의 당군은 위축되었고, 670년 3월 신라군은 압록강 이북까지 진격했습니다. 670년 7월 청해에서 설인귀의 10만 군사는 토번에 크게 패했고, 같은 달 신라는 백제의 대부분 지역을 장악했습니다. 673년 12월 토번이 천산북로를 봉쇄하려 하자, 나당전쟁은 674년과 이듬해 2월까지 14개월 동안 소강상태에 들어갔습니다.

이때 신라는 전열을 재정비하며, 친당 귀족들을 숙청했고, 고구려와 백제 유민 포섭에 나섰습니다. 고구려와 백제 귀족들에게 관작을 주었고, 고구려 유민 집단을 지금의 익산인 금마저에서 살게 하면서 자치국으로 인정했습니다. 모두 대당 전쟁에 대한 준비였지만, 이 과정에서 신라-고구려 유민-백제 유민 간 유대가 형성되었습니다.

675년 당나라의 대규모 원정군이 신라 칠중성을 함락하고, 매소성에 이근행의 20만 대군을 주둔시켰습니다. 당군은 임진강의 수로를 통해 본국으로부터 보급을 받고 있었는데, 설인귀의 보급 선단이 격침되고 겨울에 접어든 시점에 재보급의 가능성이 희박해졌습니다. 신라군은 기회를 놓치지 않고 매소성을 공격했고, 이근행의 20만 군대는 말 3만여 필과 많은 병기를 버리고 북쪽으로 퇴각했습니다.

매소성 전투에서 대패한 당은 676년 11월에 대규모의 수군으로 기벌포를 공격했습니다. 본디 기벌포는 백제의 수도인 부여 방어를 위해 중시되던 지역이었습니다. 기벌포는 강의 하구라기보다 바다의 만이라 표현할 수 있을 정도로 넓은 지역입니다. 기벌포를 장악하면 서해를 남북으로 양분할 수 있었기 때문에 서해의 해상권을 장악할 수 있는 대단히 중요한 군사 요충지였습니다. 당 수군의 기벌포 공격에 맞선 신라 수군은 22차례에 걸친 치열한 전투를 벌인 끝에 4000여 명의 당 수군을 사살하는 전과를 올렸습니다.

기벌포 전투는 7년간 지속된 나당전쟁의 마지막 전투였습니다. 당나라는 원정군의 보급 문제와 국내외의 여론 악화, 토번의 서북 변경 위협이라는 여러 가지 요인으로 인해 어려움에 처해 있었습니다. 하지만 신라가 나당전쟁을 승리로 이끈 결정적 요인은 국제 정세에 대한 정확한 분석과 고구려와 백제 유민에 대한 포용 정책, 효율적인 군사력 운용, 절대 패할 수 없다는 정신력 등 신라가 지닌 역량과 주도적인 전쟁 수행 능력이었습니다.

삼국통일과 삼한통합의 유전자

나당연합군이 백제와 고구려를 공략할 때만 해도 신라의 목표는 '양국 평정'이었습니다. 이는 고구려를 멸망시킨 직후인 669년에 나온 문무왕의 교서에서도 확인할 수 있습니다. 그때까지는 삼국통일이 아니라, 신라의 적국인 양국에 대한 평정으로 이해하고 있었던 겁니다. 그러면 '삼국통일'이라는 인식은 언제 등장했을까요?

신라가 삼국을 통일했다는 기록은 671년에 처음 등장합니다. 『삼국유사』 태종 춘추공 편에서도 "신라는 비록 작은 나라지만 거룩한 신하 김유신을 얻어서 삼국을 통일했다"라고 기록하고 있습니다. 시기적으로 나당전쟁이 본격적으로 전개되던 시기에 '양국평정론'에서 '삼국통일론'으로 바뀌었던 것입니다.

'삼국통일'이란 인식은 백제와 고구려를 완전히 신라의 영토로 복속하는 정책에서도 확인할 수 있습니다. 나당전쟁이 시작된 670년에 신라는 고구려 왕족인 안승을 금마저에 정착시켜 고구려왕으로 책봉한 다음, 고구려 유민을 맡아 다스리게 하였습니다.

671년에는 부여에 소부리주를 설치함으로써 백제가 더 이상 당의 일부가 아니라, 신라에 속한 하나의 주라는 것을 선언하였습니다. 이는 신라가 비록 완전한 형태는 아니지만, 자력으로 백제와 고구려를 포함하는 삼국을 통일했음을 선언한 것이었습니다.

이처럼 '삼국통일'을 강조하던 신라가 차츰 '삼한통일'을 강조하기 시작했습니다. 국가의 통일이 아니라 그 국가를 구성하고 있는 종족의 통일을 언급한 삼한통일론은 『삼국사기』 '김유신 열전'에 처음으로 등장했습니다.

673년 죽기 직전 김유신은 "삼한이 한집안이 되고, 백성이 두 마음을 가지지 아니하니, 비록 태평에 이르지 못하였다고 하더라도"라고 하며 '삼한일가'를 말하면서 신라의 안정과 번영을 기원했습니다. '효소왕대 죽지랑' 기사에서도 죽지가 김유신을 도와서 활동하면서 '일통삼한'했다는 사실을 언급하고 있습니다.

삼한통일론은 삼국이 서로 이질적인 존재가 아니라 동질적인 집단이 되었다는 것을 뜻합니다. 신라가 삼국통일론에 이어 삼한통일론을 강조한 것은 당나라와 전쟁을 벌이고 있던 신라의 입장에서 신라,

고구려, 백제 삼국인들의 내부적인 통합이 절대적으로 필요했기 때문이었습니다.

삼한통일을 실현하기 위해 신라는 실제적인 통합 정책을 시행했습니다. 674년 삼국인의 동질성 확보를 위해 지방 유력자에게 신분 등급을 부여하던 외위제를 폐지했습니다. 신분제 운영에서 백제와 고구려 유민에 대한 차별을 없앤 것이었습니다. 또한 685년 고구려와 백제, 신라 지역에 각각 세 개씩 모두 9주로 편제한 지방 통치 조직 역시 삼국인을 하나로 모으는 통합 정책이었습니다.

삼국통일은 삼국 중 가장 작은 나라였던 신라에 의해 이루어졌습니다. 단지 당이라는 외세를 끌어들여 이룬 것이 아니고, 국난 극복을 위한 탁월한 외교술을 발휘해 얻은 성취였습니다. 물론 처음에는 백제를 평정하는 것이 목적이었고, 백제 멸망 이후에는 양국 평정이 목표였던 것도 사실이었습니다.

하지만 백제와 고구려가 나당연합군에 의해 멸망하고, 곧이어 벌어진 나당전쟁을 치르면서 신라는 삼국통일과 삼한통일을 강조했습니다. 동아시아의 강자인 당과의 전쟁에서 승리하기 위해서는 신라만이 아닌 삼국과 한민족 모두의 결속과 단합과 통합이 필요했기 때문이었습니다.

나당전쟁에서 승리한 신라는 대동강과 원산만 이남의 땅을 확보했습니다. 한반도 내에서 당 세력을 축출하고 삼국이 하나가 되는 통일 국가를 건설했고, 삼한이 한집안이 되는 한민족 공동체를 성립했고, 독립국가로서의 위치를 확립할 수 있었습니다.

통일과 통합의 유전자

물론 고구려 영토의 대부분을 당에 내준 신라의 삼국통일에 대해 불완전한 통일이라는 지적도 있습니다. 게다가 698년 고구려 유민이 었던 대조영이 동모산에서 고구려의 역사를 계승하는 발해를 건국함 으로써, 이 시기를 통일신라가 아닌 남북국시대로 봐야 한다는 의견 또한 있습니다.

해동성국이라고 불리며 고구려보다 더 넓은 영토를 다스렸던 발 해가 926년 거란에 의해 멸망하지 않고, 고려에 통합되었다면 고구려 의 고토 모두를 흡수할 수 있었을 것이라는 생각도 해볼 수 있습니다 만, 역사는 그렇게 움직이지 않았습니다.

신라는 고조선이라는 같은 뿌리에서 나왔음에도 오랫동안 서로를 다른 나라로 인식하면서 대립하고 각축했던 삼국을 하나의 국가로 통 일했고, 삼한을 한집안으로 통합했습니다. 신라가 남긴 통일과 통합의 유전자는 역사적 유산이 되었고, 고려와 조선을 지나 오늘에 이르기까 지 오랫동안 한민족 공동체를 유지하는 힘이 되었습니다.

1945년 해방이 되었을 때 우리는 그 누구도 예상치 못한 남북 분 단에 직면하게 되었습니다. 통일독립국가 건설에 대한 뜨거운 열망은 미소 냉전 구도 속에서 한국전쟁이란 비극을 초래했고, 해방 후 80년 이 지난 지금까지 분단이 지속되고 있고, 남북은 다른 체제를 지향하 며 대립해 왔습니다.

그동안 평화통일을 위해 노력했고, 2000년 6.15 공동선언과 같은 성과도 있었지만, 남북 간 긴장과 위협이 고조될 때면 통일은 요원해 보이기도 합니다. 하지만 역사를 긴 호흡으로 보면서 신라가 남긴 통일과 통합의 유전자를 되살려 낸다면, 분단과 대립을 극복하고 한민족 공동체를 회복할 수 있는 평화통일의 길을 찾을 수 있을 것입니다.

4강

국난을 이긴
팔만대장경

호국 정신의 유전자

팔만대장경은 몽골군을 물리치기 위해 국가 주도로 조성한 활자판입니다. 제작 기간 15년, 경판 무게 약 3~4킬로그램, 두께 2.6~3.9센티미터, 가로 69센티미터, 세로 24센티미터, 경판 총수 약 8만 1258장, 글자 총수 약 5200만 자. 대한민국 국보이자 유네스코 세계기록유산으로 등재되었으며 오랜 역사와 내용의 완벽함, 정교한 인쇄술의 극치를 엿볼 수 있는 가장 중요하고 완벽한 불교 경전입니다. 팔만대장경에는 고려인의 호국 정신의 유전자, 최고의 불교문화와 목판 인쇄 문화를 꽃피운 지식과 기술의 유전자가 살아 숨 쉬고 있습니다.

팔만대장경,
국난 속에서 염원을 새기다

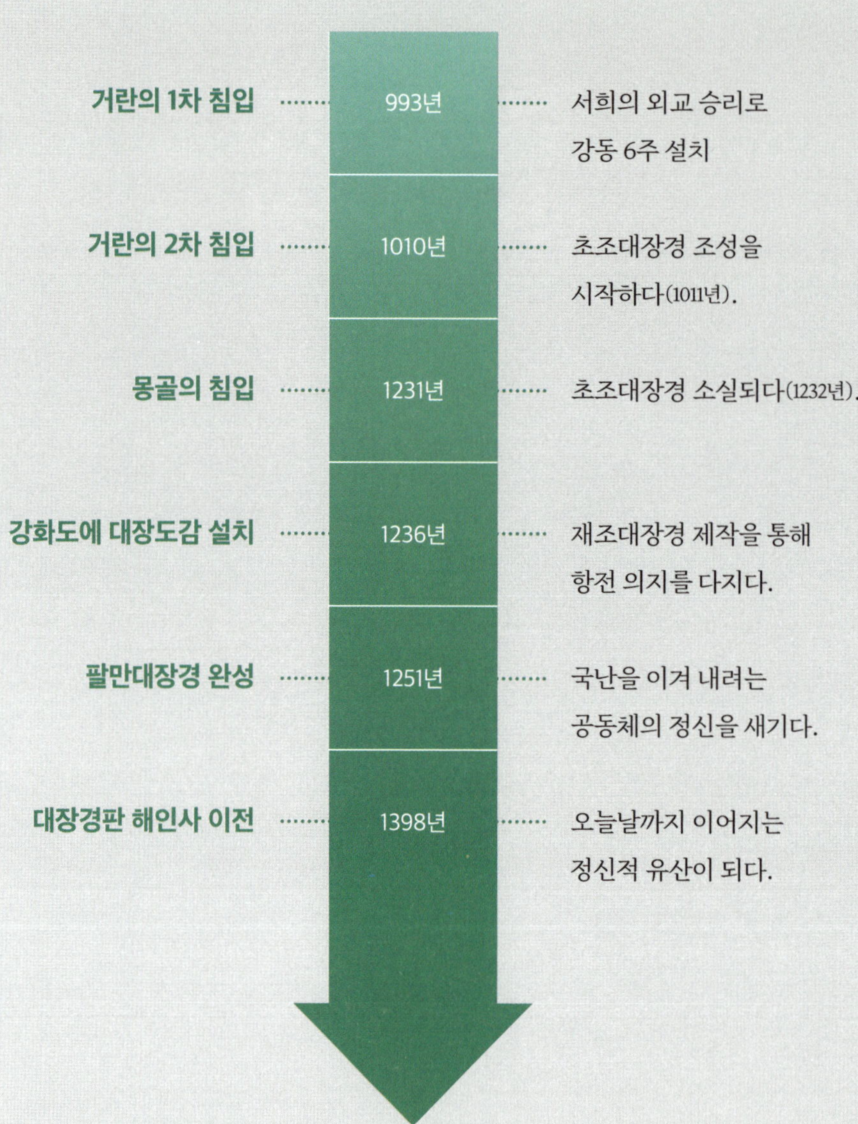

세계기록유산 아시아 최다 보유국은

1992년 8월, 보스니아 내전 와중에 사라예보에 있던 국립도서관이 무차별적인 폭격으로 인해 불길에 휩싸였습니다. 이 화재로 13세기부터 소장한 도서 150만 점이 모두 잿더미로 변하고 말았는데요, 소식을 접한 전 세계의 지식인들은 큰 충격을 받았고, 이를 계기로 인류의 정신적 자산인 기록유산을 지키고 보존해야 한다는 깨달음에 이르렀습니다.

그로부터 3년 후인 1995년, 유네스코는 위험에 처한 기록물과 컬렉션들을 지정해 보존함으로써, 전 세계에 있는 기록유산의 손실을 최

호국 정신의 유전자

소화하기 위해 세계기록유산 목록화 사업을 시작했습니다. 사업의 중요한 목적은 세 가지였습니다. 첫째, 세계적으로 중요한 기록유산을 보존한다. 둘째, 지정된 기록유산에 누구나 접근할 수 있도록 접근성을 강화한다. 셋째, 기록유산의 목록화 작업을 장려하고 기록유산의 중요성에 대한 전 세계인의 인식을 높인다.

그때부터 유네스코는 2년마다 국제회의를 열어 세계적으로 가치가 있는 기록물을 선정해 목록을 작성해 왔습니다. 대중적으로 알려진 세계기록유산은『구텐베르크 성경』,『안네의 일기』등이 있고, 대한민국은『조선왕조실록』,『훈민정음』,『동의보감』,『난중일기』,『고려대장경판 및 제경판』,『동학농민혁명 기록물』,『국채보상운동 기록물』등 현재 20개의 기록유산을 등재하고 있습니다.

세계기록유산이 되기 위해서는 진정성과 독창성 및 대체 불가성 그리고 세계적인 가치를 지닌 유산이라고 판단되어야 합니다. 유산의 본질과 유래가 정확히 밝혀진 진품이어야 하고, 특정 시대 및 지역에 지대한 영향력을 미치며, 훼손되거나 사라질 경우 인류에 심각한 손실을 초래할 만큼 중요한 유산이어야 합니다.

이것이 끝이 아닙니다. 시간, 장소, 사람, 주제와 테마, 형식과 스타일에 있어서 세계적 가치를 인정받아야 합니다. 이외에도 보조 요건으로 희귀성, 완전성, 위험성 및 관리 계획도 충족해야 합니다. 다시 말해 이 모든 가치를 지닌 유산만이 세계기록유산이 될 수 있는 것입니다.

대한민국은 2025년 현재 아시아 세계기록유산 최다 보유국이고, 전 세계로 따져도 네 번째로 많은 세계기록유산 보유국입니다. 이는

4강 국난을 이긴 팔만대장경

대한민국이 역사 이래 인류 공통의 유산으로서 가치 있는 많은 기록을 생산한 나라이고, 그 기록유산의 소중한 가치를 잘 지키고 보존해 온 나라라는 것을 보여 줍니다.

20개의 세계기록유산 중 일찍부터 일본이 절실하게 필요로 했던 유산이 있습니다. 바로 팔만대장경입니다. 6세기 백제를 통해 불교를 수용한 일본은 고려 말부터 수시로 사신을 보내 팔만대장경을 요청했습니다. 막부시대 실질적 제왕인 쇼군과 지방 영주인 다이묘들이 불교 신자이기도 했지만, 민간에 퍼진 불교가 백성을 통합하고 통치하는 구심점이었기 때문입니다.

심지어 일본은 팔만대장경 인쇄본뿐만 아니라 팔만대장경판 자체를 달라고 요청하기도 했습니다. 대장경을 조성하려면, 당대 사상과 지식이 총집합된 불경에 대한 수준 높은 이해와 제작 기술뿐만 아니라, 엄청난 인력과 비용을 투입할 수 있는 강력한 중앙집권적 통치력이 필요했습니다. 그런데 일본은 각지의 군웅이 지배하는 지방분권적 통치 체제를 유지하고 있었기 때문에 국력을 한데 모으는 것이 쉽지 않았습니다.

고려 말은 왜구에 의한 피해가 막심했습니다. 왜구는 한반도의 동해, 서해, 남해 연안뿐만 아니라 내륙까지 침범하여 약탈, 살인, 납치 등 온갖 만행을 저질렀습니다. 조선 초기에도 왜구는 국방상의 중요한 문제였습니다. 왜구를 대비해 해안에 성을 쌓았고 전함을 제작해 해안을 방어했습니다. 또한 일본에 사신을 보내 왜구에게 납치된 조선인의 송환과 왜구들의 활동을 통제해 달라고 요구하는 등 외교적 노력에도 힘

호국 정신의 유전자

써야 했습니다.

일본은 이런 상황을 십분 활용하면서 조선 정부에 팔만대장경판을 달라고 요청했습니다. 실제로 1414년 태종 14년에는 팔만대장경을 인출해 일본으로 보냈습니다. 인출본은 일본 오타니대학이 소장한 것으로 알려져 있습니다. 일본은 대장경을 구하기 위해 조선에 희귀 동물인 코끼리를 진상한 사례도 있었습니다.

"일본 국왕 원의지가 사자를 보내 코끼리를 바쳤으니 코끼리는 일찍이 우리나라에 없던 것이다. 사복시에서 기르게 하니 날마다 콩 4~5두씩 소비했다."

_『태종실록』

원의지는 무로마치막부의 쇼군 아시카가 요시모치足利義持를 말합니다. 그가 보낸 코끼리는 오늘날 인도네시아인 마자파힛 제국에서 선물한 것이었다고 합니다. 코끼리는 식성이 좋아 가난한 조선의 재정을 위협했으며 사람까지 죽이는 등 여간 골칫거리가 아니었습니다.

"전 공조전서 이우가 죽었다… 이우가 (코끼리를) 기이한 짐승이라 여겨 가보고 그 꼴이 추함을 비웃고 침을 뱉었는데 코끼리가 노하여 밟아 죽였다."

_『태종실록』

사람이 죽는 비극적인 사건이 발생하자, 코끼리를 전라도 순천부장도로 귀양을 보냈습니다. 그런데 "코끼리가 풀을 먹지 않고 사람들을 보면 눈물을 흘린다"라는 보고를 받은 태종은 코끼리를 불쌍히 여겨 다시 육지로 들여 전라도 일대에서 기르게 했습니다. 세종 때에는 코끼리의 왕성한 식욕이 전라도 재정을 압박하자, 충청도와 경상도 그리고 전라도에서 교대로 사육하게 했습니다.

일본의 빈번한 대장경 요청 때문에 골머리를 앓은 왕은 세종이었습니다. 일본은 세종 재위 시기에 여러 차례 사신을 보내 팔만대장경판 자체를 달라고 요청했는데요. 단 1본밖에 없는 팔만대장경판을 쉽사리 내줄 수는 없었습니다. 1424년 세종 6년에 온 일본 사신 규주와 범령은 "대장경판을 얻지 못하고 돌아가면 반드시 벌을 받을 것이니, 빈손으로 돌아갈 수 없다"고 단식투쟁을 벌이기도 했습니다.

팔만대장경을 새긴 까닭

고려는 왜 팔만대장경을 새겼을까요? 993년 고려 성종 12년에 거란이 고려를 침입했습니다. 거란은 시라무렌강 유역을 근거지로 활동하던 유목 민족입니다. 여러 부족으로 나뉘어 대륙의 북방 초원 지역에 살고 있었는데요. 10세기 초에 야율아보기가 등장해 여러 부족을 통합하면서 916년 요나라를 세웠습니다.

이후 동쪽의 발해를 공격하여 멸망시키는 등 세력을 급속도로 확장하였고, 중국 대륙의 왕조들과 대립하면서 북방의 강자로 등극했습

호국 정신의 유전자

니다. 고려와도 교류가 있었습니다만, 태조 왕건은 거란이 발해를 멸망시킨 것을 이유로 단교했습니다. 942년(태조 25년)에 거란의 사신단을 섬에 유배하고 이들이 데려온 낙타를 만부교 다리 아래에서 굶어 죽게 한 '만부교 사건'으로 양국의 외교는 단절되었습니다.

요나라 성종은 993년에 소손녕에게 80만 대군을 주어 고려를 침공했습니다. 고려는 첫 전투에서 패했지만, 서희가 협상에서 큰 성과를 거둠으로써 압록강 동쪽 지역에 대해 고려의 영유권을 인정받았고, 강동 6주를 설치했습니다.

현종 원년인 1010년, 요나라 성종의 40만 대군에 쫓긴 현종은 수도 개경을 내주고 나주까지 피난해야 했습니다. 2차 거란 침입은 현종의 친조를 조건으로 마무리되었지만, 현종은 약속을 지키지 않았습니다. 1018년(현종 9년)에 거란은 소배압이 이끄는 10만 병력으로 다시 고려를 침공했는데요. 귀주에서 강감찬에 패했고, 살아 돌아간 자는 수천에 불과했습니다.

이처럼 고려는 3차에 이르는 거란의 침입을 막아냈지만, 26년간의 전란은 국난 그 자체였습니다. 무신정권기 최우의 절대적 신임을 얻었던 이규보가 1237년 고종 24년에 지은 『대장각판군신기고문』에 따르면, '거란과 전쟁을 치르면서 국난을 극복하고자 초조대장경을 조성했다'고 합니다.

불경을 새겨서 과연 외적을 물리칠 수 있냐는 비판도 할 수는 있습니다만, 대장경 조성이라는 국가적 사업의 바탕에는 불심을 중심으로 흩어진 민심을 수습하면서 온 백성이 일치단결해 외적을 물리치고 나라를 지켜야 한다는 고려인들의 저항 정신과 호국 정신이 깔려 있었습니다.

한편으로는 전시에 대장경을 조성했다는 사실이 놀랍습니다. 당시 대장경을 갖고 있는 나라는 중국의 송나라와 북방의 강자로 떠오른 거란뿐이었습니다. 대장경 조성은 국력을 쏟는 대사업입니다. 불경에 대한 이해와 더불어 인쇄술도 뒷받침되어야 합니다. 불교를 숭상하는 동아시아 세계에서 대장경 조성은 국력을 나타내는 지표이자, 수준 높은 문화적 역량을 대외에 과시하는 증표였습니다.

그렇다면 대장경을 조성하는 데에는 얼마나 오랜 시간이 걸렸을까요? 초조대장경은 1011년(현종 2년)부터 1051년(문종 5년)까지 41년 걸려 완성했다는 설도 있습니다만, 1011년부터 1087년(선종 4년)으로 보는 것이 일반적입니다. 정확히 몇 년이 소요되었다고 단언할 수 없지만 수십 년에 이르는 엄청난 대사업이었습니다.

그렇게 공들여 완성하고 부인사로 옮겨져 보관되고 있던 초조대장경판은 1232년 몽골 침입 때 화재로 소실되었습니다. 경판은 단 한 점도 남아 있지 않지만, 일본 교토에 있는 남선사와 대마도에 상당량의 인쇄본이 보존되고 있는데요. 현재 남은 불경은 2600여 권으로 추정하고 있습니다.

나라의 보물을 잃은 고려는 소실된 대장경판을 다시 새기기로 결정했습니다. 「대장각판군신기고문」에서 이규보는 "과거 대장경을 만들었던 까닭에 거란의 군대가 물러갔지만, 지금 이렇게 대장경이 소실되었으니, 이번 몽골군을 물리치기 위해서 다시 대장경을 조성한다"라

호국 정신의 유전자

팔만대장경판 일부

고 기록했습니다.

팔만대장경 제작 과정

1232년 고종은 몽골의 침입에 밀려 개성에서 강화도로 수도를 옮겼습니다. 1236년 대장경 조성을 위해 강화도 선원사에는 대장도감을, 남해에는 분사도감을 설치하였고, 화엄종 승려였던 천기天其와 수기守其에게 경전을 수집하고 교정을 담당하는 등의 책임을 맡겼습니다.

대장경 조판은 대몽항쟁이 상대적으로 소강상태에 접어든 1238년부터 1247년 사이에 집중적으로 이루어졌습니다. 먼저 초조대장경의 인경본과 송의 관판대장경, 요의 거란대장경 등 여러 판본을 두루 수집하였고, 승려들과 문인 지식인 등을 모아, 수집한 저본을 토대로 대장경의 원문 오탈자를 바로 잡았습니다.

4강 국난을 이긴 팔만대장경

이 과정에서 수기는 수집한 판본을 서로 비교, 교감하여 『고려국 신조대장교정별록』 30권을 제작했는데요. 전적의 번역자나 권수, 주석, 제목 등을 바로잡았고 경전의 위경 여부를 판별하며 누락된 경전을 보충했으며, 내용이 섞인 것을 바로 잡는 등 오류를 수정한 사항을 꼼꼼하게 기록했습니다.

대장경의 조판에는 판본을 수집하여 교감하는 일 말고도 나무를 베어 썩거나 뒤틀리지 않도록 바닷물에 담가 기초 가공을 하고, 경판을 만들어 한 자 한 자 글자를 새겨 그 위에 다시 옻칠을 하고 방부처리를 한 후, 경판 귀퉁이에 각목과 마구리 길쭉한 물건의 양 끝에 대는 것를 대어 뒤틀리지 않도록 하는 수많은 공정이 포함되어 있습니다. 그럼, 단계별로 자세히 살펴보겠습니다.

① 바닷물에서 2년, 바람을 맞으며 1년

먼저 나무 고르기입니다. 경판으로 쓰일 재목은 신중하게 골랐습니다. 짧게는 30년, 길게는 40~50년씩 자란 나무 중에서 굵기가 40센티미터 이상이며, 곧고 옹이가 없는 나무를 선택했습니다. 산벚나무, 돌배나무를 비롯해 후박나무, 단풍나무 등 10여 종의 나무가 사용되었습니다.

판각지로 옮겨진 나무는 바닷물 속에서 1~2년을 보냈습니다. 오랜 시간 바닷물에 잠겨 있던 나무는 건져서 경판 제작에 알맞은 크기로 자른 후 소금물에 삶았습니다. 이 과정에서 재목의 진액이 모두 빠지고, 수분을 흡수하는 성질을 가진 소금기가 목재 표면에 발라진 상

호국 정신의 유전자

태가 되어 건조할 때 갈라짐, 비틀어짐 등의 결함을 줄일 수가 있었습니다. 또한 이러한 결 삭힘의 과정을 통해 부식 예방과 방제 효과를 볼 수 있었습니다. 소금물에 삶은 재목은 물이 잘 빠지고 바람이 잘 통하는 곳에 가건물을 지어 약 1년 동안 온갖 정성을 쏟아 건조했습니다.

② 닥나무와 맑은 계곡물

다음은 종이 만들기입니다. 경판으로 쓸 나무가 준비되는 동안 한쪽에서는 종이를 만들었습니다. 사방에 심어 잘 가꾼 닥나무를 베어 그 껍질을 곱게 두들긴 다음 풀을 섞어 묽은 종이죽을 만듭니다. 이를 체로 받쳐 얇게 종이를 뜨는데, 그 양에 따라 종이의 두께가 결정되었습니다. 고려가 뛰어난 인쇄술을 보유하고 대장경 작업에 착수할 수 있었던 것은 질 좋은 종이를 대량생산할 수 있었기 때문입니다.

③ 전국의 지식인들을 모으다

정확한 대장경 원고를 만들기 위해서는 책임자 수기대사를 비롯해서 경전에 밝은 승려들이 참여하는 고증 작업이 필요했습니다. 초조대장경, 송나라와 거란의 대장경 등을 비교하고 검토하여 서로 다르게 나타나는 글자를 확인하고 어떤 글자가 적합한지를 결정했습니다. 엄밀한 고증 작업이 끝나면 원고를 만들었습니다.

한 장에 23줄, 한 줄에 14자를 쓰는데, 마치 한 사람이 쓴 듯한 구양순 필체로 통일했습니다. 원고를 쓰는 데 참여한 많은 관료와 문인들이 일정 기간 필체 교정 교육을 받았을 것으로 여겨지고 있습니다.

4강 국난을 이긴 팔만대장경

완성된 원고는 경판에 붙여 글씨를 새기게 되는데, 경판에 붙인다는 의미에서 판하본이라고 불렀습니다.

④ 경판을 만들고 말씀을 새기다

건조된 목재를 정해진 두께에 맞게 깎아 내고, 대패로 정밀하게 마무리했는데요. 그 오차가 1밀리미터 이하로 거의 일정합니다. 이렇게 준비된 판자 위에 판하본을 잘 보이도록 뒤집어 붙인 후, 경판을 새기기 시작합니다. 한 자라도 잘못 새기면 수년간 제작해 온 목재를 버려야 했으므로, 신중에 신중을 기했습니다. 실력이 뛰어난 전국의 각수가 모두 동원되어 한 자를 새길 때마다 한 번씩 절을 하며 경판을 새겼다고 합니다. 숙련된 각수가 경판 한 면을 새기는 데 걸린 시간은 약 5일 정도였을 것으로 추정하고 있습니다.

⑤ 한 장씩 찍어 가며 오탈자를 찾다

판각을 끝낸 경판은 제대로 새겼는지를 알아보기 위해 한 장씩 찍어 원고와 대조했습니다. 대조 결과 잘못된 글자가 있는 경우에는 그 글자를 경판에서 도려내고 그 자리에는 다른 나무에 올바로 새긴 글자를 쐐기와 부레풀을 이용하여 붙여 넣었습니다. 인쇄된 종이에는 고친 흔적이 나타나지 않을 정도로 정교했습니다.

⑥ 마구리를 붙여 경판을 완성하다

글자를 모두 새긴 경판에는 마구리를 붙였습니다. 경판끼리 서로

호국 정신의 유전자

부딪히는 것을 막고, 보관 시 바람이 잘 통하도록 양쪽 끝에 경판보다 두꺼운 각목을 붙인 후 네 귀퉁이에 구리판을 장식한 것이 마구리입니다. 완성된 경판에는 옻칠을 했는데, 장기 보관에 결정적 도움을 주었습니다. 옻칠을 한 목각판은 전 세계적으로 팔만대장경이 유일합니다.

1251년(고종 38년)에 완성된 팔만대장경은 약 8만 1258매에 이르고 한 면에 약 23행 14자씩 새겼으므로 전체 글자 수는 5200만 자에 달합니다. 경판의 재질은 64퍼센트 이상이 산벚나무이고, 14퍼센트가 돌배나무, 나머지는 후박나무와 단풍나무입니다.

경판의 무게는 약 3~4킬로그램이며, 크기는 두께 2.6~3.9센티미터, 가로 69센티미터, 세로 24센티미터 정도입니다. 글자를 새기고 경판 표면에 진한 먹을 발라 결을 메워 매끄럽게 한 다음 벌레나 부식을 막기 위해 생옻을 두세 차례 덧칠했습니다.

경판의 양쪽 끝에는 마구리를 대고 순도 99.6퍼센트 이상의 구리판으로 네 귀퉁이를 감싸서 판이 뒤틀리지 않도록 마감하였는데, 그 결과 대장경판은 지금까지도 좀먹거나 뒤틀림 현상이 적게 일어나며 비교적 완벽하게 보존되고 있습니다.

팔만대장경판은 강화도에 보관되다가 1398년경에 해인사로 옮겨졌습니다. 균여가 주석한 『석화엄교분기원통초』에서 충현은 1397년에 대장경이 육지로 나왔다고 하였고, 『태조실록』 1398년 5월 10일 기사에는 '강화 선원사에서 온 대장경판을 보러 임금이 용산강에 행차했다'라는 기록이 나옵니다.

팔만대장경은 동아시아에 현존하는 대장경 중 가장 오래된 완본입니다. 고려의 초조대장경과 송의 관판대장경, 요의 거란대장경 등을 세밀하게 교감하여 제작한 것이어서, 현존하는 대장경 가운데 내용이 가장 방대하고 정확하고 오자가 적은 것으로 평가받고 있습니다. 일본이 팔만대장경을 저본으로 1885년『대일본교정대장경』과 1924년『대정신수대장경』을 간행한 것 또한 잘 알려진 사실입니다.

팔만대장경의 보존 과학과 또 하나의 세계문화유산

팔만대장경의 경판 수는 8만 1258장입니다. 경판을 전부 쌓으면 높이는 약 3200미터로 백두산(2744미터)보다 높으며, 길이로 이어 놓는다면 약 60킬로미터나 되는 엄청난 양입니다. 새겨진 글자 수는 대략 5200만 자인데요. 한자에 능한 사람이 하루 8시간씩 읽으면 30년이 걸린다고 합니다.

게다가 여러 사람이 함께 작업했음에도 불구하고 한 사람이 새긴 것처럼 판각 수준이 일정하고 글씨체도 수려합니다. 이유는 작업자들이 1년간 구양순체를 연습한 다음 썼기 때문입니다. 조선시대의 명필 추사 김정희는 팔만대장경판의 글씨를 보고 '사람이 쓴 게 아니라 신선이 내려와서 쓴 것 같다'며 감탄했습니다.

팔만대장경은 700년이란 세월 동안 뒤틀리거나 썩지 않고 본디 모습 그대로 보존되고 있는데요. 여기에는 고려인들의 놀라운 과학기

호국 정신의 유전자

술이 담겨 있습니다. 나무는 쉽게 썩습니다. 이를 잘 아는 고려인들은 부식을 막기 위해 추운 겨울에 나무를 벌목한 다음, 바닷물에 2년간 담가 두었습니다. 소금에는 수분을 흡수하는 성질이 있어서 나무의 뒤틀림을 막아 준다는 것 또한 알고 있었습니다.

팔만대장경은 합천 해인사 장경판전에 보관돼 있습니다. 그런데 대장경뿐만 아니라 장경판전 또한 국보이며, 1995년 12월에는 유네스코 세계문화유산으로 등재되었습니다. 그러니까 조선 건축의 백미인 세계문화유산 장경판전이 동아시아 불교문화의 정수인 세계기록유산 팔만대장경을 소중하게 보관하고 있는 것입니다.

장경판전의 정확한 창건 연대는 알려져 있지 않습니다만, 조선 1457년(세조 3년)에 어명으로 판전 40여 칸을 중창하였고, 1488년(성종 19년)에 학조대사가 왕실의 후원으로 30칸의 대장경 경각을 중건한 뒤 '보안당'이라 했다는 기록이 있습니다.

장경판전은 앞면 15칸, 옆면 2칸 크기의 건물 두 동을 나란히 배치했는데요. 남쪽 건물은 '수다라장'이라 하고 북쪽의 건물은 '법보전'이라고 합니다. 서쪽과 동쪽에는 앞면 2칸, 옆면 1칸 규모의 작은 서고가 있어서, 전체적으로는 긴 네모형으로 배치되어 있습니다.

장경판전은 대장경판을 보관하는 건물의 기능을 충분히 발휘할 수 있도록 장식 요소는 두지 않았는데요. 통풍을 위하여 벽면의 아래와 위, 건물의 앞면과 뒷면의 살창 크기를 달리함으로써 실내로 들어온 공기가 아래위로 돌아 나가도록 설계했습니다. 이렇게 함으로써 건조한 공기가 건물 내부에 골고루 퍼진 다음 밖으로 빠져나가게 됩니다. 이 간단한 차이가 공기의 대류를 일으키고, 물론 적정 온도를 유지할 수 있게 합니다.

또한 깊이 땅을 파서 바닥에 숯, 찰흙, 모래, 소금, 횟가루를 뿌렸습니다. 비가 많이 와 습기가 차면 바닥이 습기를 빨아들이고, 반대로 가뭄이 들 때는 바닥에 스며 있던 습기가 올라와 자동적으로 습도를 조절하는 역할을 합니다.

세계유산위원회는 장경판전에 대해 다음과 같이 말했습니다. 장경판전은 15세기에 지어진 세계 유일의 대장경판 보관용 건축물로서 유물을 보호하는 목조건물로서는 매우 규모가 큰 건물의 하나입니다. 장경판전은 인류 역사상 중요한 문화적·사회적·예술적·과학적·기술적 발달 등을 대표하는 특징적인 유형으로서의 가치를 지니고 있을 뿐만 아니라, 조선 초기의 전통적인 목조 건축 양식을 지닌 아름다운 건물입니다. 장경판전은 경판 보관이라는 목적에 맞게 적정한 규모의 건물을 적소에 배치했을 뿐만 아니라, 환기와 온습도 조절 등 자연 기상에 적응하도록 설계했기 때문에 오랫동안 깨끗하고 안전하게 경판을 보존할 수 있었습니다.

세계에 빛나는 문화유산 팔만대장경

대장경은 삼장三藏으로 이루어져 있습니다. 석가모니가 80세로 입적했을 때, 제자들은 석가의 가르침을 처음에는 암송하다가 기억하

호국 정신의 유전자

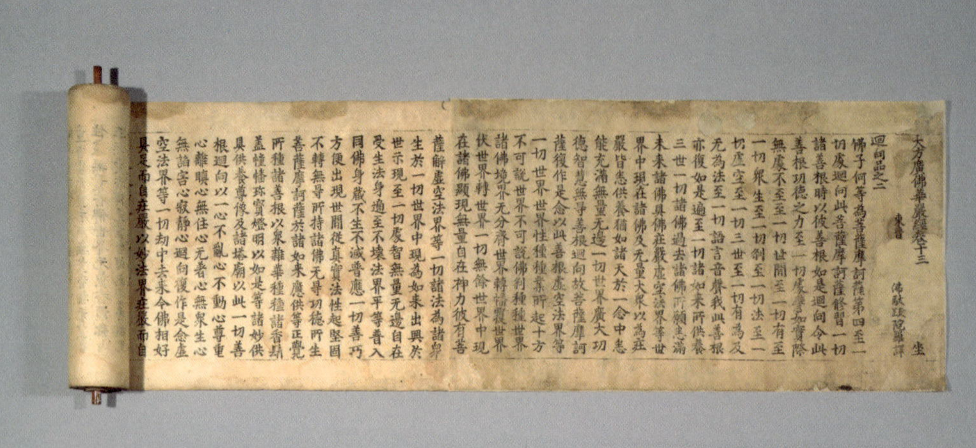

초조대방광불화엄경 권제13 ○ 목판으로 찍어낸 두루마리 대방광불화엄경으로 대방광불화엄경은 보통 '화엄경'이라 약칭한다.

고 실천하기 위해 기록하게 되었습니다. 그 과정에서 석가모니가 제정한 교법과 계율, 경장經藏과 율장律藏 그리고 고승들의 해석이 담긴 논장論藏으로 구성되었습니다.

삼장은 불교의 전파와 함께 중국으로 전해졌고, 삼장을 체계적으로 정리해서 나무판에 새긴 목판대장경이 출현하게 되었습니다. 최초의 목판대장경은 983년 13만 매의 목판으로 완성된 북송『관판대장경』이었습니다.

북송에 이어 대장경을 만든 나라는 고려였습니다. 고려의 초조대장경은 북송본을 바탕으로 만들어졌는데 초조대장경보다 늦게 시작했지만, 24년 정도 일찍 완성된 『거란대장경』의 내용도 포함시켰습니다.

부인사 화재로 초조대장경이 소실되고, 다시 만든 것이 팔만대장경입니다. 팔만대장경은 초조대장경과 송나라와 요나라, 일본의 관련 문헌을 두루 수집해 집대성한 대장경입니다. 팔만대장경은 고려가 만든 동아시아 대장경의 결집체로서 불교문화의 정수이자 금자탑입니다.

경판 조성은 수준 높은 불교문화뿐만이 아니라 인쇄를 비롯한 관련 기술의 발달 없이는 이룰 수 없는 일입니다. 목판 인쇄술은 당나라 때 시작되어 송나라에 이르러 크게 발전했습니다. 북송이 동아시아 최초로 『관판대장경』을 새길 수 있었던 것도 발전된 인쇄술이 뒷받침되었기 때문입니다.

우리나라에서는 삼국시대 때부터 목판 인쇄를 시작했는데요. 현재 남아 있는 가장 오래된 목판 인쇄물은 경주 불국사 석가탑에서 출토된 『무구정광대다라니경』으로 751년 이전에 인쇄된 것으로 추정하고 있습니다.

신라를 이은 고려는 995년(성종 14년)에 설치한 비서성 안에 비서각을 두어 목판 인쇄 출판 사업을 관장하게 했고, 후에는 국자감 안에 서적포를 설치해 정부 문서와 서적 등을 인쇄하면서 목판 인쇄술의 발전을 이루었습니다. 따라서 팔만대장경은 고려의 수준 높은 불교문화와 목판 인쇄술이 결합해 이루어 낸 성취였습니다.

유네스코 세계기록유산 팔만대장경은 세계에 자랑할 만한 빛나는 문화유산입니다. 팔만대장경에서 불심에 의지해 외적을 물리치고자 했던 고려인들의 호국 정신의 유전자뿐만 아니라, 당대 최고의 불교문

호국 정신의 유전자

4강 국난을 이긴 팔만대장경

화와 목판 인쇄 문화를 꽃피운 고려인들의 지식과 기술의 유전자를 찾
을 수 있습니다. 또한 팔만대장경에는 완성 이후 770년 동안 온갖 환
란과 고난을 겪으면서도 대장경을 소중히 지키고 보존해 온 문화 민족
의 유전자도 담겨 있습니다.

호국 정신의 유전자

5강

예술이 된
고려청자

도전과 실험 정신의 유전자

자기를 구우려면 가마 온도를 섭씨 1200도 이상으로 유지하는 기술이 있어야 합니다. 송 청자로 유명한 중국이 자기를 생산한 것은 놀랍게도 2세기경이었습니다. 일본은 임진왜란 때 납치해 간 조선 도공에 의해 비로소 자기를 만들 수 있었습니다. 10세기경 송나라의 청자 제작 기술을 도입한 고려는 숱한 실패와 좌절을 맛보았지만, 끊임없는 도전과 실험 정신으로 독창적인 비색상감청자를 개발했습니다. 고려 도공의 뜨거운 예술혼의 유전자로 빚어 낸 천하제일 명품 고려청자입니다.

고려청자,
세계를 사로잡다

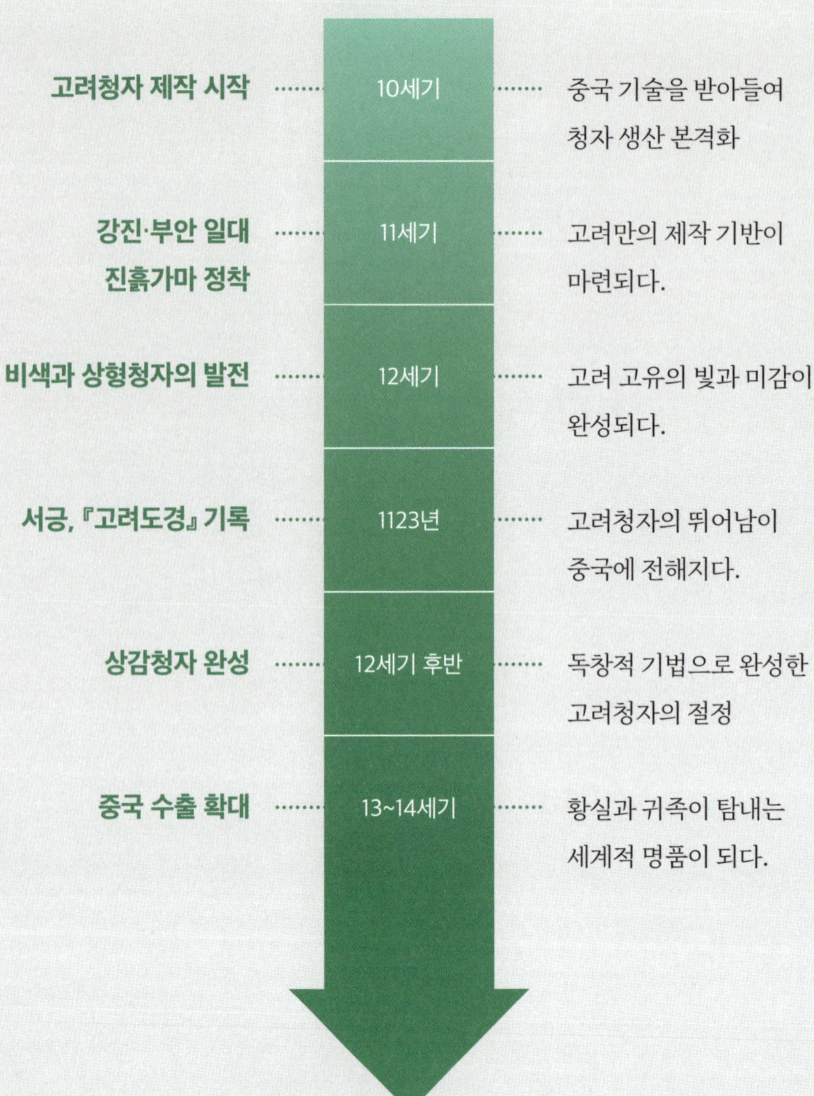

고려청자를 되찾아라

두 남자의 이야기로 강의를 시작하겠습니다. 존 개스비John Gadsby 라는 영국인 변호사가 있었습니다. 25세에 일본으로 건너가 활동하면서 일본 황궁 뒤편에 호화로운 저택을 짓고 살았습니다. 귀족 출신이었고, 타고난 미술품 애호가이자 수집가였습니다. 일본에서 일하는 동안 귀한 동양 예술품을 수집하기 시작했는데요. 얼마 지나지 않아 고려청자에 매료되었습니다.

다른 한 사람, 전형필은 1906년 서울 종로에서 태어났습니다. 증조부인 전계훈은 무관으로 종2품 가선대부 경상중군을 지냈고, 서울

도전과 실험 정신의 유전자

근교와 충청도 일대의 토지에서 수만 석을 추수하는 대지주였습니다. 아버지 전영기도 통정대부 중추원의관을 지냈으니, 요즘 말로 금수저를 넘어선 다이아몬드수저였습니다. 전형필은 태어나자마자 숙부 전명기의 양자가 되었는데요. 친형이자 생가의 장자였던 전형설이 요절함으로써 양쪽 집안의 유산을 모두 상속받아, 24살에 4만 마지기 규모의 만석꾼이 되었습니다.

존 개스비는 일본인 골동품상 미야카와 다카요시를 통해 많은 고려청자를 수집했습니다. 예술품 애호가이자 수집가로서 금세 유명 인사가 되었고, 20년 가까이 명품만 골라 수집했습니다. 다시 말해 고려인 도공들이 빚은 최고의 청자들이 그의 수중에 들어간 것입니다.

전형필은 휘문고등보통학교를 거쳐 일본 와세다대학교 법학과를 졸업했지만, 일제의 법률가로 사는 길도 유유자적한 삶도 택하지 않았습니다. 일제강점기에 해외로 유출되고 있는 귀한 우리 문화재를 지켜야 한다고 생각해 부모로부터 물려받은 엄청난 유산으로 불상, 그림, 고서적, 도자기 등등 한민족의 혼이 담긴 우리 예술품을 수집하기 시작했습니다.

전형필은 존 개스비가 고려청자를 많이 갖고 있다는 것을 알고 있었습니다. 소장자가 팔기 전에는 구입할 수 없지만, 언젠가는 기회가 올 것이라 생각하며 흐르는 강물에 낚싯대를 던져 놓고 세월을 기다리는 강태공처럼 때를 기다렸습니다. 그리고 드디어 때가 왔습니다. 1936년 2월 26일 발생한 군부 쿠데타 이후 일본은 중국과 전쟁을 준비했습니다. 국제 변호사다운 감각과 정세 판단으로 존 개스비는 귀국

5강 예술이 된 고려청자

을 결심했고, 수장품 일부를 정리하기로 했습니다. 소식을 접한 전형필은 지체 없이 일본으로 건너갔습니다.

두 사람은 존 개스비의 저택에서 얼굴을 마주했습니다. 개스비는 청자 모자원숭이모양 연적, 청자 기린형뚜껑 향로 등 22점의 청자를 보여 주었습니다. 모두 조선의 귀중한 문화유산이었고 고려인의 예술혼이 담긴 빼어난 명품이었습니다. 전형필은 무슨 수를 쓰더라도 청자를 되찾아야 한다고 생각했습니다.

개스비와 전형필의 밀고 밀리는 협상이 시작되었습니다. 개스비가 제시한 값은 1점당 2만 5000원으로 총 55만 원이었습니다. 당시 서울 기와집 한 채 값이 1000원 정도였으니, 550채에 해당하는 어마어마한 거금이었습니다. 전형필은 조심스럽게 1점 당 1만 5000원, 총 33만 원을 제시했는데요, 아쉽게도 1차 협상은 결렬되었습니다.

빈손으로 돌아오는 전형필의 가슴은 바짝바짝 타들어 갔습니다. 일본에 두고 온 청자 때문에 하루도 마음이 편할 날이 없었습니다. 그러는 사이 개스비는 대영박물관에 팔려고 접촉했지만, 여의치 않았습니다. 이번에는 개스비가 조선으로 건너왔습니다. 전형필은 개스비를 자신이 짓고 있는 박물관 보화각으로 안내했습니다. 그리고 이렇게 말했습니다.

"개스비 선생님, 수장하고 계신 고려청자는 조선의 보물입니다. 저는 고려청자를 이곳에 전시해 조선에도 찬란한 문화가 있다는 것을 동포들에게 보여 주고 싶습니다."

도전과 실험 정신의 유전자

개스비는 감동했습니다. 전형필이 단순한 수집욕으로 고려청자를 탐내는 것이 아니라는 것을 알았습니다. 이번에는 개스비가 입을 열었습니다.

"전 선생, 이곳에 와서 선생의 진심을 알았습니다. 제가 40만 원에 양보하겠습니다. 대신 청자 2점은 제가 보관할 수 있도록 해 주십시오. 영국으로 가져가 감상하다가 대영박물관에 기증하겠습니다."

전형필의 진심을 알아준 개스비 덕분에 협상은 성사되었습니다. 전형필은 개스비가 사랑한 고려청자 2점을 양보하고 나머지 20점을 40만 원에 매입하기로 했습니다. 전형필은 급하게 공주에 있는 논 1만 마지기를 처분했고, 고려청자를 영접하기 위해 도쿄로 날아갔습니다.

하마터면 사라질 뻔했던 고려청자 20점 중 7점은 해방 후에 국보와 보물로 지정되었습니다. 지금은 서울과 대구에 위치한 간송미술관에서 소장 중인데요. 사진으로만 봐도 그 아름다움을 생생히 느낄 수 있습니다.

국보 청자 기린형뚜껑 향로

도전과 실험 정신의 유전자

보물 청자 상감포도동자문 매병

5강 예술이 된 고려청자

국보 청자 오리모양 연적

보물 청자 상감 국화모란당초문 모자합

도전과 실험 정신의 유전자

국보 청자 상감연지원앙문 정병

5강 예술이 된 고려청자

당시 1점당 2만 원을 주고 어렵게 구한 고려청자는 이제 무가지보가 되었습니다. 고려인 도공들이 도전과 실험 정신으로 빚어낸 세계 최고의 명품 고려청자는 값으로 따질 수 없는 보물이 되었습니다. 그러면 전형필이 되찾아 온 고려청자 중 뒷장에 보이는 국보 청자 모자 원숭이모양 연적을 볼까요?

높이는 9.8센티미터, 몸통 지름은 6센티미터입니다. 유약이 잘 녹아 투명하고 잔잔한 기포가 표면을 덮고 있어 은은하고, 색깔은 아름다운 비취색입니다. 앞에서는 보이지 않지만, 어미 원숭이 머리 위에는 지름 1센티미터 정도의 물을 넣는 구멍이 있습니다. 그리고 새끼의 머리 위에도 지름 0.3센티미터인 구멍이 뚫려 있습니다. 애고, 뒤통수에 난 구멍이 좀 안쓰럽기도 하지만 물이 나오는 구멍이라는 것을 알 수 있습니다. 12세기 초에 제작된 것으로 추정하고 있는데요. 고려의 귀족들이 원숭이를 애완용으로 길렀다는 사실과 함께 호사스러운 고려의 귀족 문화도 짐작할 수 있습니다.

고려 도공의 예술혼을 담다

이제 도공들의 이야기로 넘어가 보겠습니다. 이토록 섬세하고 아름다운 청자를 만들어 낸 사람들은 누구일까요? 그들은 어떻게 이 아름다운 빛을 구현했을까요? 고려의 도공들은 단순히 흙을 굽는 장인이 아니라 자연의 원리를 이해하고 색을 실험한 과학자이자 예술가였습

도전과 실험 정신의 유전자

국보 청자 모자원숭이모양 연적

니다. 그렇다면 왜 같은 청자인데 고려청자의 빛깔은 달랐을까요?

먼저 흙이 달랐습니다. 청자를 만드는 흙의 성분에 따라 푸른빛에서 회색빛, 심지어는 검은빛의 청자까지 나오기도 했습니다.

그리고 도자기를 굽는 가마도 달랐습니다. 중국의 월주요는 벽돌로 쌓은 벽돌가마(전축요)였습니다. 우리나라 용인과 시흥의 가마는 전축요였으나, 강진이나 부안의 고려가마는 흙으로 쌓은 진흙가마(토축요)였습니다.

중국 월주요의 벽돌가마는 길이가 40미터에 달했습니다. 반면 강진의 진흙가마는 10~20미터 정도로 상대적으로 짧았습니다. 10세기 한반도 중서부에서 만들어진 초기 청자는 중국식 벽돌가마에서 구웠지만, 11세기 이후 청자 생산 지역이 남서부 지역으로 옮겨지면서 진흙가마에서 생산되기 시작했습니다. 벽돌가마에서 만드는 청자는 한 번 구웠지만, 진흙가마에서는 두 번 구웠습니다.

유약 또한 달랐습니다. 도자기 표면을 치밀하고 단단하게 만들고, 투명한 광택을 내기 위해 쓰는 유약의 재료와 배합이 중국과 달랐습니다. 이런 여러 차이점이 겹치면서 같은 청자라도 송나라의 청자와는 완전히 다른 고려만의 독특한 빛깔, 바로 비색翡色이 탄생했습니다.

고려청자의 비색은 당대 중국인들도 극찬했습니다. 12세기 고려를 방문한 송나라 서긍이라는 인물은 『고려도경』에서 고려의 풍속, 음악, 의복, 청자에 대해 자세히 기록했습니다.

109

도전과 실험 정신의 유전자

도기의 빛깔이 푸른 것을 고려인은 비색이라고 하는데 근래에 들어 제작 기술이 정교해져 빛깔이 더욱 좋아졌다. 술병의 모양은 참외와 같은데 위에는 연꽃 위에 오리가 엎드린 모양의 작은 뚜껑이 있다.

또 주발, 접시, 술잔, 사발, 꽃병, 탕기, 옥잔도 잘 만들었는데, 이는 모두 중국의 그릇 만드는 법칙을 모방한 것들이기 때문에 그림을 그리지 않고 생략한다. 다만 술병은 다른 그릇과 다르기 때문에 특별히 기록한다.

_『고려도경』

서긍은 주발, 접시, 술잔 등은 중국의 그릇을 모방한 것이라 그림을 그리지 않는다고 했으나 참외모양 술병에 대해서는 칭찬을 아끼지 않았습니다. 심지어 그림까지 남겨 그 모양을 보여 주려고 했지요.『고려도경』은 그림과 글이 함께 실린 책이지만 안타깝게도 지금은 그림이 남아 있지 않아 이 참외모양 술병의 형태를 확인할 수는 없습니다.

고려의 도공이 만든 참외모양 술병은 서긍에게 강렬한 인상을 주었습니다. 특히 송나라 청자와 비슷하면서도 다른 독특한 빛깔이 서긍의 시선을 사로잡았습니다. 송나라 청자는 몹시 깊거나 신비하다는 뜻의 '비秘' 자를 써서 '비색秘色'이라고 부르는 데 반해 고려청자는 비취를 뜻하는 '비翡' 자를 써서 '비색翡色'이라고 표현했습니다. 같은 듯 다르고 비슷한 듯 다른 고려만의 독특한 비색 청자를 만들어 낸 것입니다.

이것이 바로 서긍이 칭찬했던 것과 비슷한 형태의 참외모양 병입니다. 담녹색의 유약이 전면에 곱게 입혀져 있고 유약 안에는 미세한 기포가 가득합니다. 덕분에 빛이 부드럽게 스며들어 은은한 고려청자

5강 예술이 된 고려청자

국보 청자 참외모양 병

비색의 아름다움을 보여 줍니다. 주름치마 같은 높은 굽, 팽팽하게 부푼 참외형 몸체, 유려한 목선, 참외꽃을 닮은 입술, 각 부분의 비례와 선의 흐름이 완벽해 직선과 곡선의 조화가 뛰어납니다.

원래 참외모양 술병은 중국 고대의 술그릇인 청동기로 만든 준尊에서 유래했습니다. 중국의 병은 입 부분이 크고 몸체가 두툼하며 굽이 낮아 상대적으로 둔한 인상을 주는 반면, 고려의 술병은 균형이 잡히고 정제된 아름다움이 살아 있습니다. 중국의 영향을 벗어나 고려의 미식을 독자적으로 드러내고 있죠. 서긍이 그토록 감탄했던 이유입니다.

서긍의 시선을 사로잡은 또 하나의 고려청자는 사자형뚜껑 향로였습니다. 서긍은 이렇게 기록했습니다.

산예출향 역시 비색인데 위에는 짐승이 웅크리고 있고, 아래에는 봉오리가 벌어진 연꽃 무늬가 위를 떠받치고 있다. 여러 그릇 가운데 이 물건이 가장 정교하고 빼어나다.

_『고려도경』

남송의 학자 태평노인도 고려청자를 천하제일이라고 평가했습니다.

건주와 촉 지방의 비단, 정요 백자, 절강의 차 그리고 고려의 비색은 모두 천하제일이다. 다른 나라가 모방하려 해도 도저히 따라 할 수 없는 것들이다.

_『수중금』

당시 인류가 가장 아름답다고 자부하던 북송의 여관요청자와 어깨를 나란히 했다는 뜻입니다.

고려청자는 10~14세기에 이르기까지 약 500년에 걸쳐 크게 발전했습니다. 중요한 것은 중국의 제작 기술을 배운 고려 도공들이 배운 기술을 답습하는 데 머물지 않았다는 겁니다. 고려의 도공들은 더 품질이 좋고 더 아름다운 청자를 만들기 위해 연구했고, 시행착오와 실패를 거듭하면서도 도전과 실험을 멈추지 않았습니다.

고려 도공들은 음각·양각·투각 등 다양한 기법을 활용해서 동물과 식물, 인물 등의 모습을 넣은 상형청자를 만들어 냈고, 고려인 특유의 창의력을 발휘해 마침내 고려청자를 세계적인 명품으로 자리매김하도록 한 상감청자를 완성해 냈습니다.

상감象嵌이란 공예품의 표면에 다른 재료를 박아 넣어 문양을 만드는 장식법입니다. 원래 금속공예에서 은을 박아 넣는 은입사 기법에서 발전한 기술이었죠. 돌, 조개껍질, 뼈, 뿔 같은 재료를 이용해 가구, 유리, 나전칠기 등 여러 공예 분야에서 쓰였습니다. 상감기법은 이미 메소포타미아와 고대 이집트에서도 사용되었고, 중국에서는 춘추전국시대부터 활용되었습니다. 하지만 이 기법을 도자기에 적용해 성공시킨 것은 고려가 처음이었습니다.

음각
문양 자체가 파이고 판면이 돌출되는 기법

양각
문양을 두드러지게 돌출시키는 기법

투각
문양 부분만 남기고 나머지 배경 부분은 모두 구멍을 뚫는 기법

도전과 실험 정신의 유전자

도전과 실험 정신의 결정 상감청자

그럼, 고려의 도공들이 어떻게 상감청자를 만들었는지 살펴보겠습니다.

우선 도자기를 빚어 반쯤 말랐을 때 조각칼로 만들고자 하는 문양을 새깁니다. 음각된 자리에 백토 진흙이나 자토 진흙을 채워 넣었습니다. 진흙이 마르면 문양 밖의 부분을 깎아 문양 안에만 색이 남게 만듭니다. 이렇게 해서 흰색 또는 자색의 무늬가 나타납니다. 이후 완전히 건조시킨 후 초벌로 굽고 그 위에 청자 유약을 입혀 다시 굽습니다. 이렇게 하면 백토 진흙은 흰색으로, 자토 진흙은 흑색으로 발색되어 투명한 유약 아래에서 문양이 은은히 떠오릅니다.

설명은 간단하지만, 한 치의 오차도 허용되지 않는 고난도의 기술이었습니다. 문양을 새기고 진흙을 채우고 덧묻은 흙을 긁어내고 유약을 바르고 굽고 또 굽는 과정이 이어졌습니다. 조금만 삐끗해도 그동안의 노력이 모두 수포로 돌아갔습니다. 실제로 청자 가마터에서 발견되는 수많은 청자 파편은 실패에 실패를 거듭할 수밖에 없었던 청자 만들기가 얼마나 힘든 일이었는지를 보여 줍니다. 처음부터 끝까지 단 하나의 결점도 없이 모든 공정이 성공적으로 이루어질 때에만 비로소 원하는 상감청자를 얻을 수 있었습니다.

자 그럼, 상감청자를 대표하는 청자 상감운학문 매병을 살펴보겠습니다. 이 상감청자 역시 전형필 선생이 일본인 골동품상 마에다로부터 거금 2만 원을 주고 매입한 것입니다. 해방 후 국보로 지정되었고,

국보 청자 상감운학문 매병 ○ 현재 대구 간송미술관에서 전시하고 있다.

간송미술관에서 소장하고 있습니다.

일단 균형 잡힌 모양과 은은한 비색이 눈에 들어오는데요. 크기는 높이 42.1센티미터, 입지름 6.2센티미터, 밑지름 17센티미터입니다. 매병의 구연부는 작고 낮으며 밖으로 살짝 벌어져 있는데. 어깨는 넓고 당당한 모습을 보여 줍니다.

구연부의 아랫부분에는 꽃무늬를 둘렀으며 굽 위로는 연꽃무늬를 둘렀습니다. 몸통 전면에는 구름과 학을 새겨 넣었는데, 흑백으로 상감한 원 안에는 하늘을 향해 날아가는 학과 구름무늬를, 원 밖에는 아래쪽을 향해 내려가는 학과 구름무늬를 새겼습니다.

자세히 들여다보면 학의 진행 방향이 다른데요. 도자기 표면이라는 공간적인 제약을 넘어서 원하는 곳을 향해 거리낌 없이 날아가는 학의 모습에 자유로움을 투영한 것 같습니다. 이와 같은 표현상의 변화와 함께 문양 처리의 능숙함에서 고려 도자기의 우수함과 더불어 고려 도공들의 도전과 실험 정신, 끈기와 창의력을 엿볼 수 있습니다.

중국이 감탄한 고려청자

고려청자는 비색과 상형청자 그리고 상감청자로 변신을 거듭하면서 독특한 아름다움을 창출했습니다. 고려청자의 독창성과 우수성은 청자의 본향인 중국에 알려졌고, 12~14세기에는 중국 황실과 고급 관리들이 갖고 싶어 하는 애장품이 되었습니다. 13~14세기에는 많은 명품 상감청자가 바다를 건넜습니다.

송대에는 조공 무역과 고려와 송을 빈번히 오가던 송상에 의한 해상 무역을 통해 고려청자의 수출이 이루어졌고, 원대에는 황실에 바치는 공물이나 무역품으로서 해로와 육로를 통해 중국으로 수출된 것으로 보고 있습니다.

이러한 청자 무역은 그동안 북경과 내몽골 지역, 하북성 석가장시, 요녕성 요양시 등을 포함해서 화남으로는 송나라와 원나라 시대 주요 수출 항구였던 절강성 항주, 영파 일대 등 중국 전역과 대만에서도 출토된 고려청자를 통해 확인할 수 있습니다.

고려청자의 인기는 중국의 여러 문헌에서 확인할 수 있는데요. 원말 명초의 학자 조소曹昭는 『격고요론』에서 "고려청자는 돈으로 가치를 매기지 못할 정도로 귀한 물품이었다"라고 기록하고 있고, 명나라의 문인 동기창董其昌의 『골동십삼설』, 청나라 양동서梁同書의 『고요기고』 등에서도 고려청자의 뛰어남과 아름다움을 묘사하고 있습니다.

고려시대 청자 산업이 발전한 데에는 다음과 같은 배경이 있었습니다. 9세기 후반 선종 불교가 전래되면서 다도가 유행했고, 차 용구 제작의 필요성이 커졌습니다. 10세기부터는 차가 승려나 문인의 벗이자 왕실이나 불교 교단의 각종 행사에 필수 품목으로 부상하면서 청자의 수요가 급증했습니다.

청자의 제작 기술이 절정을 이루는 12세기 강진과 부안 일대 가마터에서는 고려 전기 주 생산품이었던 다완이나 제기 이외에도 정병, 향로 매병 등 특수 용기와 기와나 장식 타일 같은 건축용재 및 화장용

도전과 실험 정신의 유전자

남송시대와 원나라 시기 상감청자 출토지역

구, 문방용품, 약 용품이 발견되었는데요. 이로써 청자가 생활의 여러 부분으로 확대된 것을 알 수 있습니다.

청자 생산지인 강진 지역은 행정 구역상 '소所'였습니다. 소는 수공예품, 철, 금, 은 등의 특산품을 전문적으로 생산하기 위해 운영한 특수 행정 구역인데요. 강진의 대구소와 칠량소는 고려청자만을 전담 생산하던 곳이었습니다.

흥미로운 것은 특산품의 안정적인 수급을 위해 고려시대 소의 백성들이 집단적으로 예속되고 관리되어 거주, 혼인 등 다양한 영역에서 제약을 받았다는 사실입니다. 이들의 신분이 천민인지 양인인지에 대해서는 여러 의견이 있습니다만, 소의 백성들이 부담했던 일들이 양인층 사이에 아주 힘든 고역으로 취급되어 기피되었던 것은 분명합니다.

5강 예술이 된 고려청자

소의 백성들은 신분상 양인이었을지라도 조선시대에 양인의 신분으로 천한 일을 하던 특수 신분층인 신량역천身良役賤에 가까웠다고 볼 수 있습니다. 그렇다면 날마다 청자를 빚고 굽기를 반복했던 도공들의 삶은 고단함과 고통 그 자체였는지도 모릅니다.

그럼에도 도공들은 똑같은 일을 단순히 반복하지 않았습니다. 더 좋은 품질의 청자, 더 아름다운 청자를 만들기 위해 도전과 실험을 거듭하면서 끈기와 창의력을 발휘했습니다. 그 결과 천하제일의 명품 고려청자를 생산해 냈고, 가마의 불꽃처럼 뜨겁게 타오르는 예술혼 유전자를 역사에 새겼습니다.

2025년 대한민국은 경제 선진국들과 어깨를 나란히 하고 있습니다. 조선, 철강, 자동차 생산 등 전통적인 제조업 분야에서 강한 경쟁력을 유지하고 있고, 정보 통신 산업과 정보 혁신 기술 분야에서도 탄탄한 입지를 구축하고 있습니다. 또한 세계인의 주목을 받는 한국 드라마, 영화, 노래 등 K-컬처는 문화 강국의 면모를 유감없이 보여 주고 있습니다. 첨단 기술과 아름다운 디자인으로 사랑받는 '메이드 인 코리아Made in Korea'에는 끊임없이 도전하고 실험하면서 명품 고려청자를 만들어 낸 고려 도공들의 예술 유전자가 또렷하게 각인돼 있습니다.

도전과 실험 정신의 유전자

6강

소통 혁명
훈민정음

사람과 사람을 잇는
소통의 유전자

문자는 지배 계층의 전유물이었습니다. 문자를 아는 자가 권력, 지위, 부를 독점했습니다. 문자를 모르면 지식과 정보에 접근하기 어려웠고, 주장을 펼칠 수도 없었습니다. 세종이 백성을 위한 문자를 만든 것은 인류 역사상 이례적인 사건이었습니다. 세종은 백성을 깊이 생각했고, 백성과 소통하기 위해 한글을 창제했습니다. "백성은 나라의 근본이다." 이러한 애민과 소통 정신 속에서 한글은 백성의 문자가 되었고, 평등의 가치를 구현하며 독창적인 문화를 창출하고 있습니다.

훈민정음, 소통의 길을 열다

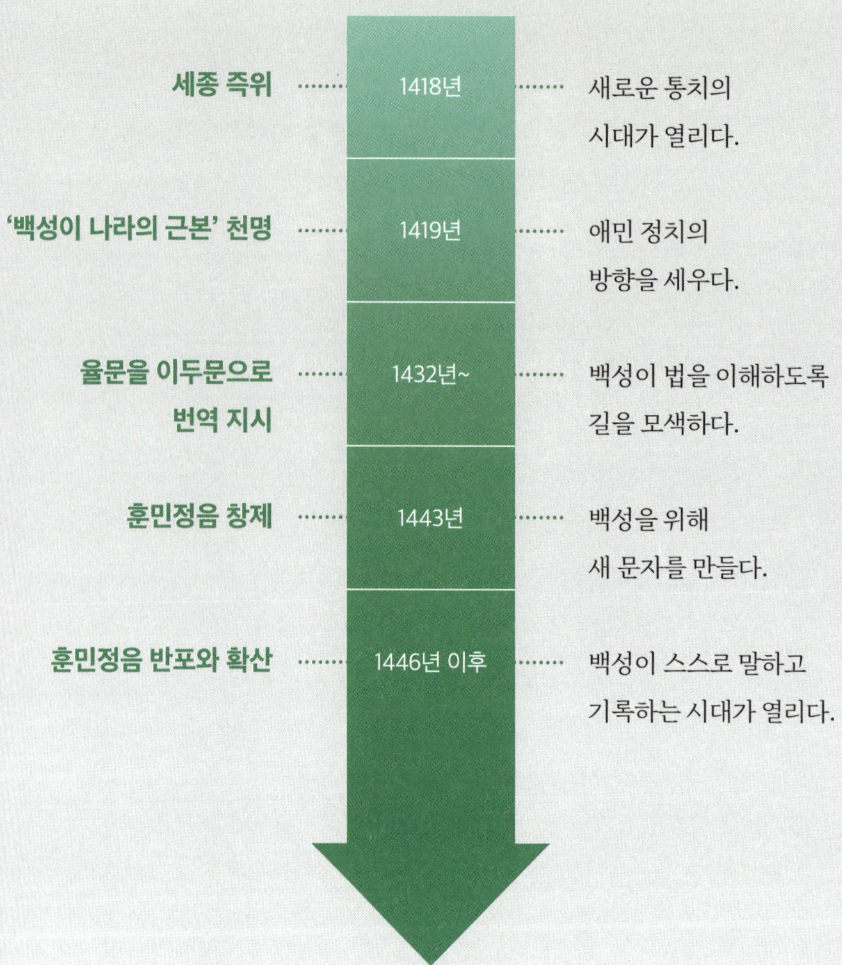

백성과 소통하는 길 찾기

오늘은 역사 속 소통의 유전자를 찾아보려고 합니다. 소통은 무엇일까요? 소통을 사전에서 찾아보면, '막히지 아니하고 잘 통함, 뜻이 서로 통하여 오해가 없음'이라고 설명합니다. 소통이 잘 이루어져야 편하게 대화할 수 있고 오해도 피할 수 있습니다. 나아가 함께 일을 도모할 수 있는 바탕도 마련할 수 있습니다.

어느 사회에나 어느 시대에나 소통의 장애로 생기는 오해와 갈등은 적지 않습니다. 우리 역사에서도 그런 예는 헤아릴 수 없을 정도로 많았습니다. 그럼에도 '소통'에 대해 가장 깊이 생각하고 고민한 분이 있었습니다. 바로 조선 제4대 왕인 세종입니다.

1443년 12월 세종은 훈민정음을 창제했습니다. 그런데 세종은 새 글자를 만드는 일을 아무도 모르게 추진했습니다. 세종실록에는 '이달에 임금이 언문 28자를 만들었다'라는 내용은 기록돼 있지만, 세종이 글자 만드는 일을 시작했다든가, 곧 완성된다든가 하는 과정의 기록은 없습니다.

이달에 임금이 친히 언문 28자를 지었는데, 그 글자가 옛 전자를 모방하고, 초성·중성·종성으로 나누어 합한 연후에야 글자를 이루었다. 무릇 문자에 관한 것과 이어에 관한 것을 모두 쓸 수 있고, 글자는 비록 간단하고 요약하지마는 전환하는 것이 무궁하니, 이것을 훈민정음이라고 일렀다.

_『세종실록』 제102권

세종은 비밀리에 훈민정음을 만들었습니다. 문제는 왕이 새 문자를 만드는 것에 대해 최만리를 비롯한 7인의 집현전 학사들이 반대했다는 것입니다. 집현전 학사들은 새로운 문자를 만드는 것은 불가하다고 했습니다. 왕과 신료 간 소통에 문제가 생긴 것입니다.

세종은 왜 새 문자 훈민정음을 만들었을까요? 반대 상소를 보면 세종의 뜻을 확인할 수 있습니다. 최만리 등은 훈민정음 창제가 중국을 섬기는 도리에서 어긋나며, 자기 문자를 갖는 것은 오랑캐 짓이라고 했습니다. 또한 이두는 한자를 바탕으로 만든 것이나, 훈민정음은 뿌리가 없는 것으로 학문을 할 수도 없고 나라 발전에도 전혀 도움이

6강 소통 혁명 훈민정음

되지 않는다며 목소리를 높였습니다. 심지어는 왕이 독단적으로 훈민정음을 창제한 것까지도 비판했습니다.

세종은 물러서지 않고 정면으로 맞섰습니다. 반대하는 집현전 학사들과 토론하면서 훈민정음을 만든 이유를 분명히 밝혔습니다.

> 너희들이 이르기를, '음을 사용하고 글자를 합한 것이 모두 옛글에 위반된다' 하였는데, 설총의 이두도 역시 음이 다르지 않으냐. 또 이두를 제작한 본뜻이 백성을 편리하게 하려 함이 아니하겠느냐. 만일 그것이 백성을 편리하게 한 것이라면 이제의 언문은 백성을 편리하게 하려 한 것이다. 너희들이 설총은 옳다 하면서 군상의 하는 일은 그르다 하는 것은 무엇이냐.
>
> _『세종실록』 제103권

집현전 학사들이 이두를 정리한 설총을 두둔하는 것을 비판하면서, 훈민정음을 만든 이유가 백성을 편리하게 하기 위함이라고 분명히 밝힌 것입니다.

그렇습니다. 알다시피 훈민정음은 백성을 위해 만든 글자이고, 한자를 모르는 백성이 쉽게 배워 편리하게 쓸 수 있도록 하기 위한 새 문자입니다. 1446년에 완성된『훈민정음』세종 서문에서는 더욱 분명하게 창제 이유와 목적을 밝히고 있습니다.

> 우리나라 말이 중국말과 달라 한자와는 서로 잘 통하지 않는다. 그러므로 글 모르는 백성이 말하려는 것이 있어도, 끝내 제 뜻을 능히 펼치지 못하

사람과 사람을 잇는 소통의 유전자

는 사람이 많다. 내가 이것을 가엾게 여겨 새로 스물여덟 자를 만드니, 사람마다 쉽게 익혀 날마다 씀에 편안케 하고자 할 따름이다.

_『훈민정음(해례본)』

훈민정음의 해설서는 『훈민정음』이라고도 하고, 문자 훈민정음과 구별하기 위해 '훈민정음(해례본)'이라고도 합니다. 책 첫머리에 실린 서문에서 세종은 중국에서 만든 한자는 우리말 표기에 적절하지 않다는 것을 지적하면서, 한자를 모르는 백성, 즉 평민들을 위해 새 문자를 만들었다고 했습니다. '사람마다 쉽게 익혀 날마다 씀에 편안케 하고자 할 따름'이라는 표현에서는 백성들이 쉽게 배워 쓸 수 있는 문자를 만들었다는 사실 또한 미루어 짐작할 수 있습니다.

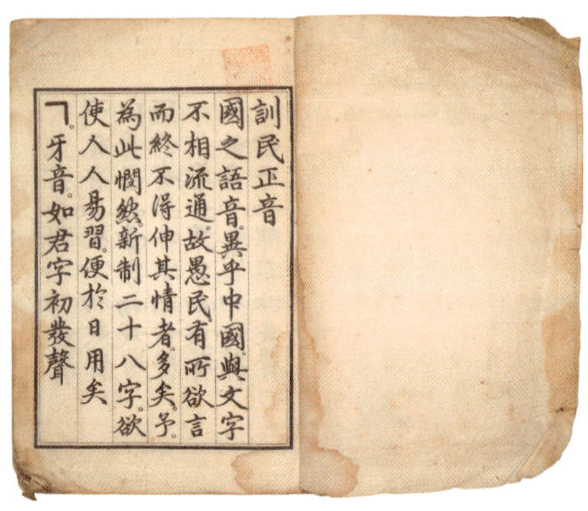

『훈민정음(해례본)』(영인본, 1946) ○ 조선어학회에서 훈민정음을 석판으로 인쇄한 영인본

세종은 '소통'에 대해 깊이 사유했습니다. 중국어와 우리말이 달라 소통에 장애가 있다는 점에 대해서도 고민했고, 한자를 모르는 백성들이 자기들의 뜻을 표현하지 못해 소통이 안 된다는 점에 대해서도 깊이 고뇌하며 천착했습니다. 세종에게 소통은 절대적으로 풀어야 할 과제이자 왕으로서의 사명이었습니다. 그러면 세종은 언제부터 '소통'에 주목했을까요?

세종은 1397년 태종 이방원의 아들로 태어났습니다. 태조의 다섯째 아들로 태어난 이방원은 왕이 아니었습니다. 그러나 두 차례 왕자의 난을 거치며 권력을 잡았고, 1400년 조선의 제3대 왕으로 즉위했습니다. 왕세자는 첫째 아들 양녕이었지만, 양녕은 놀기를 좋아했고 학문을 게을리했으며 여자 문제가 많았습니다. 1418년 6월 태종은 양녕을 폐세자하고 충녕을 세자로 삼았습니다. 같은 해 8월 충녕은 조선의 제4대 왕인 세종으로 즉위했습니다.

1419년 세종은 '백성이 나라의 근본'이라고 말했습니다. 세종은 백성을 중시했습니다. 백성이 먹고사는 문제, 백성의 안전 문제뿐만 아니라 백성을 무지에서 깨어나게 하기 위해 백성과 소통해야 한다고 생각했습니다.

그런데 1428년 진주에서 김화가 아버지를 살해하는 끔찍한 사건이 발생했습니다. 놀란 세종은 백성에게 사람의 도리를 가르쳐야 하니, 『효행록』을 간행하여 백성을 교화할 것을 지시했습니다. '아버지 살해'라는 끔찍한 범죄를 막기 위해서는 효행과 사람의 도리를 가르쳐야 한다고 생각한 것입니다.

사람과 사람을 잇는 소통의 유전자

소통에 대한 세종의 뜻은 계속되었습니다. 1432년, 세종은 율문을 이두문으로 번역하여 백성들에게 법을 가르치라고 지시했습니다.

비록 사리를 아는 사람이라 할지라도, 율문에 의거하여 판단이 내린 뒤에야 죄의 경중을 알게 되거늘, 하물며 어리석은 백성이야 어찌 범죄한 바가 크고 작음을 알아서 스스로 고치겠는가. 비록 백성들로 하여금 다 율문을 알게 할 수는 없을지나, 따로이 큰 죄의 조항만이라도 뽑아 적고, 이를 이두문으로 번역하여서 민간에게 반포하여 보여, 우부우부愚夫愚婦들로 하여금 범죄를 피할 줄 알게 함이 어떻겠는가.

_『세종실록』제58권

그러나 이두문도 모르는 백성들을 교화하고 백성들과 소통하는 것은 불가능했습니다. 이두문으로 해결이 안 되자, 세종은 1434년『삼강행실』에 그림을 붙여 만들면 백성들이 이해할 수 있으리라 생각하고, 그림을 넣은『삼강행실도』를 편찬했습니다.

그런데요. 그림을 넣기는 했지만, 그럼에도 내용을 이해시키기 어려웠습니다. 한자로 제목이 적혀 있습니다. 한자를 안다면, '婁伯捕虎(누백포호)'가 무슨 뜻인지, 어떤 얘기인지 짐작할 수 있겠지만, 모르면 그림을 아무리 뚫어지게 봐도 도무지 무슨 내용인지 알 수가 없습니다.

이처럼 세종은 한문을 이두문으로 바꾸고, 그림을 넣은『삼강행실도』를 발간하는 등 노력했지만, 성과는 없었습니다. 결국 세종은 백

6강 소통 혁명 훈민정음

성과 소통할 수 있는 새로운 문자를 만들겠다는 생각에 이르렀습니다. 이러한 사정은 1444년 훈민정음 창제를 반대한 집현전 학사들과의 토론에서도 확인할 수 있습니다.

내가 만일 언문으로 삼강행실을 번역하여 민간에 반포하면 어리석은 남녀가 모두 쉽게 깨달아서 충신·효자·열녀가 반드시 무리로 나올 것이다.

_『세종실록』 제103권

백성하고 소통하는 길을 모색하던 세종은 마침내 새 문자 창제를 결심했고, 연구에 착수했습니다. 세종은 호학의 군주입니다. 어릴 때부터 책벌레로 유명했습니다. 건강을 염려한 태종이 책을 싹 치우도록 했는데, 구석에 떨어져 있던 책을 반복해 읽으며 몽땅 외웠다는 일화도 있습니다.

소통을 위한 쉬운 문자 창제

세종은 1436년부터 정부 구조를 의정부 서사제로 바꾸고, 결재도 세자에게 맡기고는 언어학 연구를 시작했습니다. 1440년에는 중국과 일본에서 『국어』와 『국어음의』, 『국어보음』 같은 언어학 관련 서적을 수입해 탐독했습니다. 집현전 학사들은 왜 세종이 언어학에 큰 관심을 가질까 궁금했을 겁니다. 세종은 묵묵히 홀로 연구에 정진했습니다.

사람과 사람을 잇는 소통의 유전자

그런데요. 백성과 소통할 수 있는 문자는 어떤 문자였을까요? 세종의 생각과 계획이 적힌 문헌상 기록은 없습니다. 그렇지만 완성된 '훈민정음'을 통해 세종의 쉬운 문자 창제 전략을 추정해 볼 수 있습니다.

우선 세종은 백성들이 쉽게 배울 수 있고 편리하게 쓸 수 있는 문자를 만들겠다는 목표를 정했을 겁니다. 어려운 한자와는 다른 성격의 글자, 즉 우리말의 소리를 잘 적을 수 있는 표음문자를 생각했을 겁니다.

한자는 대표적인 표의문자입니다. 해를 뜻하는 '日' 자와 달을 뜻하는 '月' 자는 해와 달의 모양을 본떠 만들었습니다. 그런 다음 만들어진 글자를 활용해서 새로운 글자를 추가하기도 했습니다. 밝을 '명(明)' 자는 해 '日(일)'과 달 '月(월)'을 합쳐서 만들었습니다.

중국인은 상형, 지사, 회의, 형성, 전주, 가차 등 육서라는 여섯 가지 방법을 고안해 계속해서 새로운 글자를 만들었습니다. 한 '一(일)' 자처럼 획수가 적은 글자도 있지만, 비근한 예로 건물이나 관청을 뜻하는 '廳(청)'은 25획으로 이루어져 기억하기도 쓰기도 쉽지 않습니다. 울창할 '鬱(울)' 자는 29획으로 보는 것만으로도 머리가 어지럽습니다.

청나라 강희제는 대학사 진정경, 장옥서 등 30명의 학자에게 사전을 만들라고 지시했습니다. 1716년(강희 55년), 5년 만에 완성된 『강희자전』에는 약 4만 7000자의 글자가 수록되었습니다.

그러나 표의문자 한자는 특성상 시대의 흐름과 함께 계속 새로운 글자를 추가했습니다. 영어 'card'를 표기하기 위해 만들어진 '卡(카)'와 같은 새로운 글자가 현대에도 계속 만들어지고 있습니다. 학자에 따라 추정치가 다르지만, 한자의 수는 5~10만 자에 이른다고 합니다.

조선시대 유생들은 어려서부터 한자를 공부했습니다. 배우기 어려운 글자여서 한자와 한문을 능숙하게 해독하고 사용하기까지는 10년 이상의 긴 시간이 필요했습니다. 그나마 이들이 학문에 전념할 수 있는 신분이었기 때문에 가능했습니다.

반면에 농업, 어업, 수공업 등 노동에 종사하는 일반 백성들은 신분상 제약으로 학문에 접근하기 어렵고, 글자를 배울 여유도 시간도 없었습니다. 따라서 백성을 위한 문자는 짧은 시간에 배울 수 있는 쉬운 문자여야 했습니다.

지금부터 세종의 쉬운 문자 창제 전략을 살펴보겠습니다. 첫째, 세종은 글자 수를 최소한으로 제한했습니다. 글자 수가 많으면 많을수록 외워야 할 것도 많고 학습 시간도 늘기 때문입니다.

훈민정음은 표의문자인 한자와 달리 한국어의 소리를 표현하기 위해 만들었습니다. 인류가 사용하는 대표적인 표음문자인 영어의 알파벳은 26자로 다양한 소리를 표기합니다. 하지만 실제로는 104자를 공부해야 합니다.

인쇄체 대문자와 소문자, 필기체 대문자와 소문자를 합하면 104자이기 때문입니다. 제가 중학교 1학년 시절 처음 영어를 배울 때, 104자를 모두 외우기 위해 공책에 열심히 그리고 쓰며 고생했던 기억이 지금도 생생합니다.

1446년에 반포된 훈민정음은 28개의 자모자로 만들어졌습니다. 기본 자음 5자는 발성기관의 모습에서 글자를 만들었습니다. 어금닛소리 'ㄱ'은 혀뿌리가 목을 막는 모양입니다. 혓소리 'ㄴ'은 혀끝이 윗잇

사람과 사람을 잇는 소통의 유전자

몸에 닿는 모양입니다. 입술소리 'ㅁ'은 입의 모양입니다. 잇소리 'ㅅ'은 이의 모양입니다. 목구멍소리 'ㅇ'은 목구멍의 모양입니다.

기본 자음 5자의 기원

세종은 5개의 기본 자음을 만든 다음에 가획의 원리를 적용해 글자를 추가했습니다. 같은 자리에서 나는 소리이면서도 미묘한 차이가 있는 소리는 기본자에 획을 추가해 만들었습니다. 자연스럽게 추가된 글자는 기본자와 닮은 모양을 하게 되었습니다. 그렇게 9자를 만들고 이체자 'ㄹ, ㅿ, ㆁ'를 3자를 합해 모두 17자를 만들었습니다.

가획의 원리를 적용해 만든 자음자에 대해 영국 서식스대학교의 제프리 샘슨Geoffrey Samson 교수는 "각 글자가 나타내는 음소들의 변별적 자질이 그 글자의 외형에 반영되어 있는 문자 체계인 자질문자"라고 했습니다. 이는 비슷한 모양을 지닌 문자들은 같은 음성적 성질을 갖고 있다는 뜻입니다.

'ㅋ'은 'ㄱ'에 획을 추가한 것입니다. 그래서 'ㄱ'과 'ㅋ'은 모양이 비슷합니다. 형과 동생 같아 보이기도 합니다. 그리고 어금닛소리라는 같은 음성적 성질을 갖고 있습니다.

기본자 'ㄴ'과 확장자 'ㄷ, ㅌ, ㄸ'은 모두 혓소리이고, 획을 추가하거나 두 번 쓴 것이기 때문에 모양이 매우 비슷합니다. 반면에 영어 알파벳 'd'와 't'는 같은 혓소리입니다만, 모양에는 아무런 유사성이 없습니다.

	기본 자음자	가획자		이체자
어금닛소리	ㄱ	ㅋ		
혓소리	ㄴ	ㄷ	ㅌ	ㄹ
입술소리	ㅁ	ㅂ	ㅍ	
잇소리	ㅅ	ㅈ	ㅊ	ㅿ
목구멍소리	ㅇ	ㆆ	ㅎ	ㆁ

김슬옹, 『한글교양』 93쪽 표 '자음자 확장에 따른 구성도'에서 요약.

모음은 우주를 구성하는 3가지 요소인 천지인을 형상해 'ㆍ, ㅡ, ㅣ' 3글자를 만든 다음, 'ㅡ'와 'ㅣ'의 위, 아래, 오른쪽, 왼쪽에 'ㆍ'를 결합하는 방식으로 기본 모음자 11자를 만들었습니다.

사람과 사람을 잇는 소통의 유전자

한글	영어 알파벳
ㄱ-ㅋ-ㄲ	G ≠ K
ㄴ-ㄷ-ㅌ-ㄸ	D ≠ T

세종은 최소주의 원칙에 입각해 자모자 28자를 만들었습니다. 물론 『훈민정음』 해례본에서는 'ㄲ, ㄸ, ㅄ, ㅃ'이라든가 'ㅐ, ㅔ, ㅘ, ㅝ, ㅙ, ㅞ'와 같은 확장자들을 소개하고 있습니다만, 28개의 기본자를 익히면 응용할 수 있도록 설계했기 때문에, 기본자와 전혀 다른 새로운 글자를 추가한 것은 아닙니다.

세종의 쉬운 문자 창제 전략 둘째, 세종은 글자의 형태를 알아보기 쉽고 쓰기 쉽게 만들었습니다. 영어 알파벳은 모양도 제각각이고 꼬불꼬불합니다. 50~60대는 영어를 꼬부랑글씨라고도 했습니다. 꼬부랑글씨는 사전에도 올라 있습니다. 매우 서투르게 쓴 글씨를 뜻하기도 하지만, 영어 따위로 쓴 글자를 가리키기도 합니다.

기본 모음자	확장 모음자
·ㅡㅣ	ㅏㅑㅓㅕㅗㅛㅜㅠㅡㅣ·

김슬옹, 『한글교양』 93쪽 표 '모음자(중성자) 확장에 따른 구성도'에서 요약.

6강 소통 혁명 훈민정음

중국의 한자는 모양이 더욱 복잡하고 다양합니다. 물론 유사성을 보이는 글자도 있지만, 전혀 다른 모양을 갖고 있는 글자도 많기 때문에 시각적으로 인지하기 어렵고 익히기도 어렵습니다.

자질문자의 특성을 많이 가지고 있는 한글은 형태가 유사합니다. 한글은 8개의 자모 기본자와 그 확장자이거나 합용자여서 글자의 형태를 직관적으로 이해할 수 있습니다. 한글의 형태에 대해 훈민정음 학자 김슬옹은 다음과 같이 설명합니다.

"문자의 과학성은 체계적이고 규칙적인 도형성에서 찾을 수 있다. 거기다가 실용성이 있어야 하므로 누구에게나 쉽게 익힐 수 있는 간결성이 있어야 한다. 인류 문자 가운데 이런 특성을 가진 문자는 훈민정음밖에 없다. 그 증거는 눈으로 쉽게 확인할 수 있는 도형 특성에서 알 수 있다. 훈민정음은 점과 직선, 동그라미로만 되어 있다. 현대 한글은 모음자의 점(·)이 짧은 획으로 바뀌었을 뿐이다. 특히 직선이 70퍼센트를 넘는다. 수직선과 수평선이 균형을 이루고 있는데 이렇게 직선 위주로 되어 있어 간결한 것이고 누구나 쉽게 쓰고 배울 수 있다."

점과 직선과 동그라미는 누구라도 쉽게 인지하고 쉽게 그리거나 쓸 수 있습니다. 이처럼 한글이 시각적으로 쉽게 알아볼 수 있고, 또한 학습자들이 쉽게 쓸 수 있는 글자로 만들어졌다는 것은 세종의 쉬운 문자 창제 전략에 의한 결과였습니다.

셋째, 한글은 글자를 풀어 쓰는 영어와 달리 '자음+모음, 자음+

사람과 사람을 잇는 소통의 유전자

모음+자음'과 같이 자모를 모아 음절로 표기하는 특징을 갖고 있습니다. 아래처럼 영어는 알파벳을 가로 방향으로 순서대로 나열해 표기합니다.

A calm sea makes a bad sailor.

한글은 자음과 모음을 합해 음절을 만드는데, 그 방식이 '신의 한수'였습니다. 세종은 음절을 만들 때, 모음자 'ㅡ'와 'ㅣ'를 축으로 가로와 세로 방향으로 결합하도록 했습니다. 음절을 만드는 방식이 일관되고 규칙적입니다. 이러한 음절 구성의 원리와 구조를 이해한다면, 한글은 한국어를 처음 배우는 외국인도 쉽게 익히고 쓸 수 있는 문자라고 해도 과언은 아닐 것입니다.

지금까지 세종의 쉬운 문자 창제 전략에 대해 살펴봤습니다. 세종은 한자를 모르는 백성을 위한 문자를 만들려고 계획했습니다. 한자처럼 어려운 글자는 백성에게 맞지 않다고 판단했습니다. 짧은 시간에 배울 수 있는 쉬운 문자를 만든다는 전략을 세웠고, 그 결과물로 표음 문자 훈민정음을 창제했습니다.

훈민정음의 기본 자모자는 28자이고, 글자의 형태는 점과 직선, 동그라미로 고안되었습니다. 아래 아(ㆍ)는 시간이 흐르면서 짧은 직선으로 변화했기 때문에 지금 쓰고 있는 한글은 직선과 동그라미로 이루어진 글자라고 할 수 있습니다.

자음의 경우, 기본자에서 파생된 글자도 유사한 형태를 띠게 했고,

6강 소통 혁명 훈민정음

가로 방향(一)	세로 방향(ㅣ)
그늘 보름 숭늉 우물 주름	기린 바람 사자 어머니 아버지

음절을 구성할 때는 자모자를 가로 방향과 세로 방향으로 규칙적으로 결합해서 쓰게 함으로써 누구라도 원리와 구조를 알면 쉽게 익혀 쓸 수 있는 문자를 만들었습니다.

이 모든 것이 백성과 소통하고자 했던 세종의 치밀하고 주도면밀한 '쉬운 문자 창제 전략'의 결과라는 점이 정말 놀랍습니다. 세종을 도와 『훈민정음(해례본)』을 편찬한 정인지는 맺음말에서 새 문자를 창제한 세종의 업적을 칭송하며 다음과 같이 말했습니다.

스물여덟 자로 끝없이 바꿀 수 있어, 간결하면서도 요점을 잘 드러내고, 정밀한 뜻을 담으면서도 두루 통할 수 있다. 그러므로 슬기로운 사람은 하루아침이 다 가기도 전에, 슬기롭지 못한 이라도 열흘이면 배울 수 있다.

_『훈민정음(해례본)』

세종이 만든 훈민정음은 백성들이 쉽게 배울 수 있는 문자였습니다. 한글에 대해서는 세계의 석학들도 극찬을 아끼지 않고 있습니다. 네덜란드 라이덴대학교의 포스Frits Vos 교수는 "한국인들은 세계에서 가장 좋은 알파벳을 만들었다"라고 했고, 미국 컬럼비아대학교의 게리

사람과 사람을 잇는 소통의 유전자

레드야드Gary Ledyard 교수는 "한글은 세계 문자 사상 가장 진보된 글자다. 한국인들은 그 무엇과도 비교할 수 없는 문자학적 사치를 누리고 있는 민족이다"라고 말했습니다.

훈민정음으로 백성과 소통하다

1446년 10월, 『훈민정음』이 세상에 나왔습니다. 그러나 대부분의 사대부들은 훈민정음을 반기지 않았습니다. 쉬운 문자 훈민정음을 환영한 것은 궁인들과 왕실 여성 그리고 백성들이었습니다. 훈민정음을 교육하는 기관도 설치되지 않았지만, 훈민정음은 사람들 사이로 퍼져 나갔습니다.

1449년 어느 날, 한글 때문에 서울 장안이 발칵 뒤집히는 사건이 일어났습니다. 누군가 '하 정승아, 일을 똑바로 해라'라고 한글로 쓴 벽보를 붙였습니다. 훈민정음이 반포되고 불과 3년 만에 일어난 일이었습니다. 훈민정음을 익힌 백성들이 훈민정음을 사용해 자신의 생각을 말하기 시작한 것이었습니다.

백성들은 쉽게 배울 수 있는 문자 훈민정음으로 편지를 썼고, 특히 여성들은 수많은 내방가사를 지었습니다. 여성으로 태어난 신세를 한탄했고, 친정 부모를 그리는 애절한 마음도 썼습니다. 세상의 모든 즐거움을 누리는 남성들을 부러워하면서 동시에 가부장제 사회의 모순을 비판했습니다.

정부인 안동 장씨는 최초의 한글 조리서 『음식디미방』을 저술해 조선 양반가의 음식 문화를 기록하고 후대에 전했습니다. 안동 장씨는 한문에 능한 분이었지만, 딸과 며느리들이 쉽게 읽고 이해할 수 있도록 모든 내용을 한글로 썼는데요. 책머리에 적힌 당부의 말이 재밌습니다.

이 책을 이리 눈이 어두운데 간신히 썼으니 이 뜻을 잘 알아 이대로 시행하고, 딸자식들은 각각 베껴 가되, 이 책을 가져 갈 생각일랑 마음도 먹지 말며, 부디 상하지 않게 간수하여 쉽게 떨어지게 하지 말라.

_『음식디미방』

이 글을 읽으니, 안동 장씨께서 자신이 쓴 책을 얼마나 소중하게 생각했는지 알 수 있을 것 같습니다. 아, 세종이 훈민정음 창제 전에 『삼강행실』에 그림을 넣은 『삼강행실도』를 발행했으나, 소통에 실패했던 것을 기억하시지요? 집현전 학사들이 반대했을 때 언문으로 설명을 넣겠다고 한 것도 기억하시지요?

세종은 1450년 53세를 일기로 세상을 떠났습니다. 언문을 넣은 '삼강행실도'를 미처 만들지 못했습니다. 하지만 1481년에 성종은 언문을 넣은 『삼강행실도언해』를 간행했습니다. 여기 실린 '누백포호'의 내용을 소개해 드리겠습니다.

최누백은 고려 때 수원의 관리 최상저의 아들이다. 최누백이 15살 때 아버

사람과 사람을 잇는 소통의 유전자

지가 사냥하다가 호랑이에게 해를 당해 죽었다. 최누백은 어머니에게 "아버지의 원수를 어찌 갚지 않을 수 있겠습니까" 하고는 아버지를 해친 호랑이를 잡으러 도끼를 메고 호랑이의 자취를 따라갔다. 호랑이는 이미 아버지를 다 먹고 배가 불러 누워 있는데 바로 앞에 달려들어 "네가 내 아버지를 해쳤으니 내 너를 먹으리라!" 하고 꾸짖으니, 범이 꼬리를 내리고 엎드렸다. 최누백이 도끼로 내리쳐 호랑이의 배를 갈라 아버지의 뼈와 살을 꺼내어 그릇에 담고, 호랑이의 살점은 항아리에 넣어 시냇물 속에 묻었다. 이후 아버지를 홍법산 서쪽에 장사 지내고는 여묘살이를 하였다.

_『삼강행실도언해』

이렇게 언문을 넣으니, 백성들도 최누백의 효심을 이해할 수 있었습니다. 사실 훈민정음은 사대부들의 외면과 배척 때문에 빠르게 성장하지는 못했습니다. 오랜 시간이 걸렸지만, 백성은 훈민정음으로 글을 읽고 쓸 수 있게 되었으며, 지식과 정보를 나누고 널리 소통하며 우리 사회의 주체로 성장할 수 있었습니다.

훈민정음은 근대의 문턱에 들어선 1894년에야 고종의 '국문 칙령'에 의해 국문의 지위를 획득했지만, 일제강점기가 시작되면서 사라질 위기에 처하기도 했습니다. 훈민정음은 언문, 반절, 암글, 가갸글 등 다양한 이름으로 불리다가 지금은 한글이라 불리고 있습니다. 한글의 '한'은 한나라의 '한'을 뜻하고, 하나, 크다, 바르다는 의미를 가지고 있습니다.

21세기 세계는 한국문화에 주목하고 있고, 그 바탕에 한국어와 한

6강 소통 혁명 훈민정음

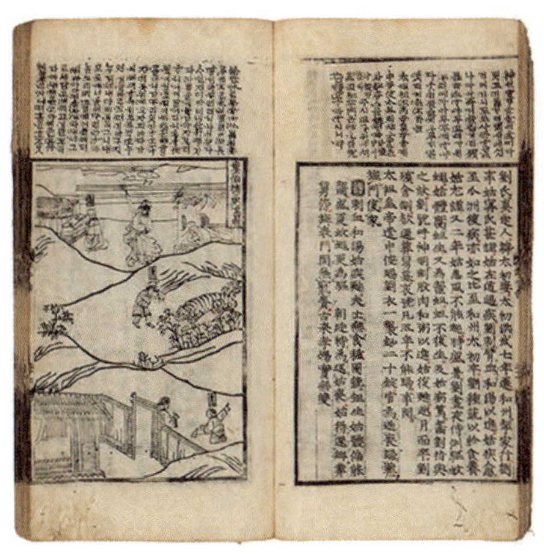

『**삼강행실도언해**』 1481년(성종 12년) 간행. 위쪽에 언문 번역을 넣었다.

글이 있습니다. 15세기 세종의 훈민정음 창제는 문화사적으로 대단히 큰 의미를 갖습니다. 오랫동안 한자를 사용했고, 강한 한자문화의 영향 아래 있었습니다. 그러나 훈민정음의 창제로 한자문화권으로부터 독립하여 자주적인 한글문화를 일구어 왔습니다. 한국 역사를 두 시기로 구분한다면 훈민정음 창제 이전과 이후로 나눌 수 있을 겁니다.

세대 간 남녀 간 소통이 안 된다는 말을 자주 듣습니다. 여야 정치인들은 소통의 의지조차 보이지 않는 듯합니다. 그럼에도 우리는 한국어와 한글로 소통하며 문제를 풀어 나갑니다. 눈을 밖으로 돌리면 언어 차이로 전쟁까지 불사하는 세계도 없지 않습니다. 때때로 갈등하고 반목하면서도 대한민국 사회를 하나로 묶으려 노력하는 소통의 유전자는 세종의 훈민정음 창제가 낳은 빛나는 유산입니다.

사람과 사람을 잇는 소통의 유전자

7강

이상 도시 수원 화성

호호부실 인인화락의 유전자

10년을 계획한 수원 화성 건설은 2년 9개월 만에 끝났습니다. 빨리빨리 문화의 역사와 전통은 정조 때 싹을 틔웠던 걸까요? 거중기·녹로·유형거 등 정약용이 설계한 첨단 장비들이 진가를 발휘한 덕분이었을까요? 지금은 365일 24시간 멈추지 않고 일하는 공장도 있지만, 당시에는 해가 지면 일할 수 없었을 겁니다. 강하고 아름다운 화성이 완성되었을 때, 정조는 다음과 같이 말했습니다. "호호부실 인인화락戶戶富實 人人和樂" 집집마다 부유하고 사람마다 화평하고 즐겁게 산다.

정조,
개혁 도시를 꿈꾸다

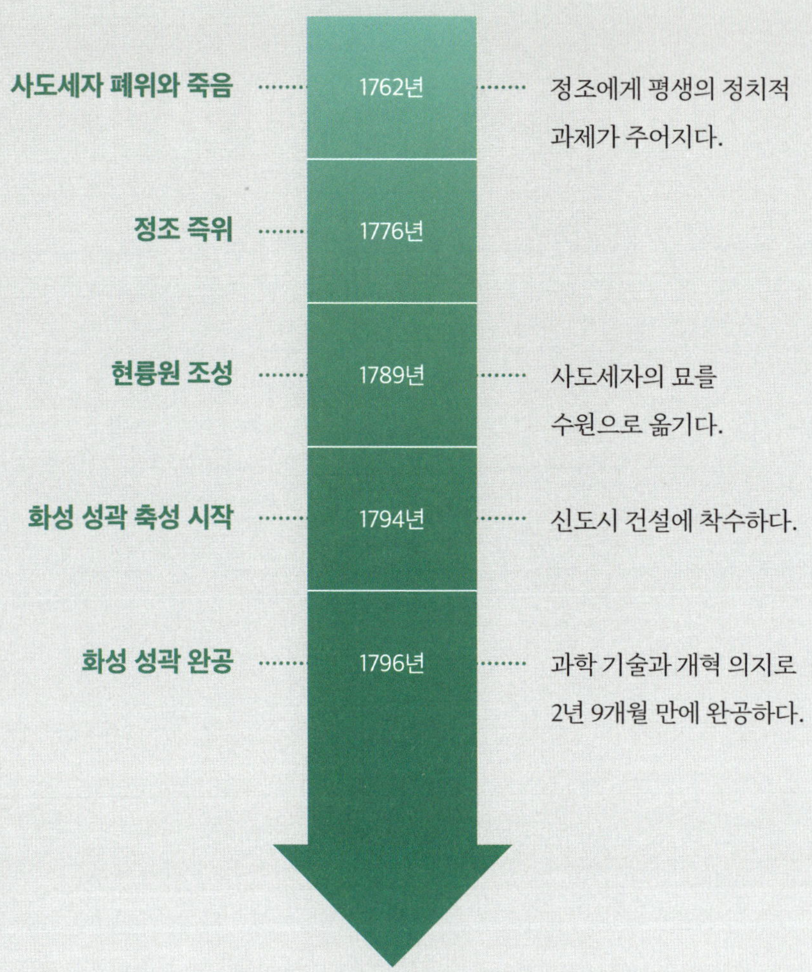

사도세자 폐위와 죽음
1762년
정조에게 평생의 정치적 과제가 주어지다.
정조 즉위
1776년
현륭원 조성
1789년
사도세자의 묘를 수원으로 옮기다.
화성 성곽 축성 시작
1794년
신도시 건설에 착수하다.
화성 성곽 완공
1796년
과학 기술과 개혁 의지로 2년 9개월 만에 완공하다.

성곽의 나라

우리나라는 '성곽의 나라'입니다. 조선 전기의 저명한 학자 양성지가 한 말인데요. 고조선의 왕검성부터 조선시대 각 고을의 읍성에 이르기까지 우리 선조들은 튼튼한 성곽을 쌓아 백성과 나라를 지켰습니다. 성곽은 그야말로 민중의 방패였습니다. 왜적을 막기 위한 군사시설이자, 백성들의 피난처이자 지역사회의 중심이었죠.

한반도에는 약 1만 2000개의 성이 있고, 고대 우리 민족의 영역이었던 중국의 동북 3성과 연해주에 이르기까지 약 3000개에 가까운 성을 쌓았습니다. 혹시 오녀산성을 들어 본 적 있으신가요? 오녀산성은

호호부실 인인화락의 유전자

고구려의 첫 수도였던 졸본에 세운 성입니다. 고구려는 험준한 산봉우리에 웅대한 성을 쌓아 중국에 맞섰습니다. 백제는 주요 길목마다 토루를 구축했으며, 신라는 삼년산성에서 축성술의 정수를 보여 주었습니다. 실제로 걸어 보면 신라시대 사람들이 어떤 시선으로 지형을 읽었는지 감탄하게 될 겁니다. 이러한 축성의 전통과 기술력은 고려를 거쳐 조선으로 이어졌습니다.

태조 이성계는 도성축조도감을 설치하여 한양도성을 쌓았고, 세종대왕은 도성수축도감을 설치해 32만 2000명의 인부와 수백 명의 감독관을 동원하여 38일 만에 수리했습니다. 지금으로 친다면 초고속 토목 프로젝트에 가깝죠. 또한 유사시 임시 수도로서 역할을 담당하도록 건설한 남한산성은 방어 도시의 본보기로 2014년 유네스코 세계문화유산에 등재되었습니다.

성곽의 나라 대한민국에는 1997년 유네스코 세계문화유산으로 등재된 또 하나의 성곽이 있습니다. 바로 18세기 말 정조가 건설한 수원 화성입니다. 수원 화성은 18세기 말 발달된 조선의 근대 과학 기술과 도시 설계 역량이 집약된 걸작으로 평가받고 있습니다. 또한 146미터 높이의 팔달산을 끼고 축성해 평지와 산지를 아우르는 성, 즉 평산성이라고도 부릅니다.

수원 화성은 단순히 전쟁을 대비한 성곽만은 아니었습니다. 정조는 이곳에 행궁을 두고 시장을 만들고 관청을 재배치하고 도로망까지 새롭게 구성했습니다. 한마디로 방어 시설에 도시를 얹은 것이 아니라, 애초부터 도시와 성곽을 하나의 계획으로 계산해 만든 겁니다. 오늘날 시선으로 보면, 계획 도시 혹은 신도시라는 개념으로 설명할 수 있을 만큼 그 구조와 기능이 도시 전체에 걸쳐서 치밀하게 설계되어 있습니다.

그런데 여기서 한 가지 궁금한 점이 생깁니다. 분명 조선의 수도는 한양입니다. 그리고 한양에는 한양 도성이 있지요. 그런데 정조는 왜 굳이 수원에 성곽 도시를 만들었을까요? 이 질문의 정답을 이해하기 위해서는 정조가 어린 나이에 겪어야 했던 비극 그리고 그 비극이 정조의 정치적 선택을 어떻게 바꾸었는지를 살펴봐야 합니다. 바로 아버지 사도세자의 죽음입니다.

사도세자를 위해 현륭원을 만들다

1762년 7월 3일(영조 38년), 영조는 세자를 폐하여 서인으로 삼고 뒤주에 가두라는 처분을 내렸습니다. 아들을 뒤주에 가둔다니, 지금 들어도 참 믿기지 않는 잔혹한 명령이지요. 당시 사람들에게는 얼마나 충격이었을지 상상해 보시기 바랍니다.

영조는 원래 사도세자를 많이 아꼈습니다. 총명하다고 칭찬도 했고, 어릴 때는 영조가 직접 사도세자를 가르치기도 했습니다. 그러니 이 비극은 단순히 버려진 아들의 이야기가 아니라, 사랑과 증오, 기대와 절망, 분노와 두려움 등이 난마처럼 얽혀 폭발한 비극이었습니다.

사도세자는 10대 이후 불안한 모습을 시작하기 시작했습니다. 실

호호부실 인인화락의 유전자

록에 따르면요, "세자는 자질이 탁월하여 영조가 사랑했으나 10여 세 이후 학문을 소홀히 했고, 질병으로 발작할 때에 궁비와 환시를 죽였으며, 근래 영조를 시해해 궁궐 후원에 묻으려 했다"는 것이었습니다. 결국 영조는 자기 심장에 칼을 꽂는 것과 다를 바 없는 극단적인 선택에 이르게 된 것입니다.

뒤주에 갇힌 세자는 8일 후, 세상을 떠났습니다. 당시 11세의 왕세손이었던 정조는 아버지가 죽는 것을 보면서도 아무것도 할 수 없었습니다. 하지만 영조는 일찍이 학문을 좋아하고 총명하고 슬기가 넘치는 세손을 후계로 삼았고, 세손의 지위를 튼튼히 하기 위해 어린 나이로 세상을 떠난 사도세자의 이복형 효장세자의 후사로서 왕위를 계승하게 했습니다.

1776년 3월 10일 정조는 경희궁 숭정문에서 왕위에 올랐습니다. 왕이 된 정조는 말했습니다. "나는 사도세자의 아들이다." 이는 비참하게 죽어 간 아버지를 가슴에 품고 성장한 정조가 아들로서 아버지의 은혜에 보답하겠다는 것을 암시한 선언이었습니다.

정조는 이후 아버지의 명예를 복구하는 일에 착수합니다. 사도세자의 존호를 장헌세자로 바꾸고, 창경궁 외곽에 경모궁을 세웠으며, 사도세자의 수은묘를 영우원으로 격상했습니다. 그로부터 13년 후인 1789년, 양주 배봉산 북쪽 자락에 있던 아버지 사도세자의 묘소를 풍수지리상 최고 명당으로 지목된 수원 용봉면 화산으로 옮기기로 했습니다.

경모궁
장헌세자와 그의 빈 혜경궁 홍씨의 신위를 모신 사당. 1839년(헌종 5년)에 화재로 소실되었다.

그런데 그곳에는 이미 수원도호부 관아도 마을도 있었습니다. 천장하려면 관아와 마을 전체를 옮겨야 했고, 백성들은 대대로 살아온 삶의 터전을 떠나야 했습니다. 정조는 이들의 고통을 모른 척하지 않았습니다.

이주민에게는 이사 비용을 지원했고, 10년간 세금 면제, 환곡 탕감 등 혜택을 주었으며, 가난한 백성들에게는 쌀을 하사하고, 문·무과 별시를 통해 지역 인재를 등용했습니다.

수원부 이전을 마친 정조는 1789년 10월, 사도세자의 관을 화산으로 옮겼고 같은 달 17일 모든 공역을 마쳤습니다. 사도세자를 모신 새로운 능원의 이름은 '돌아가신 아버지의 은혜에 융숭하게 보답한다'라는 뜻을 가진 현륭원顯隆園으로 정했습니다.

그로부터 얼마 지나지 않아 신도시 화성 건설이라는 정조의 구상이 서서히 윤곽을 드러냈습니다. 1793년 정조는 신읍치 수원도호부를 정3품 부사가 임명되는 도호부에서 정2품 이상 관료가 임명되는 유수부, 즉 화성유수부로 승격시켰습니다. 그리고 도시 이름 역시 '수원水原'에서 '화성華城'으로 변경하고, 이듬해부터 신읍치를 보호하는 성곽을 축조하기 시작했는데요. 성곽 이름 역시 '화성'이라고 했습니다. 그러므로 화성은 단순히 성곽만을 가리키는 것이 아니라, 정조의 개혁 정치의 구상을 실현할 신도시 전체를 아우르는 이름이었습니다.

호호부실 인인화락의 유전자

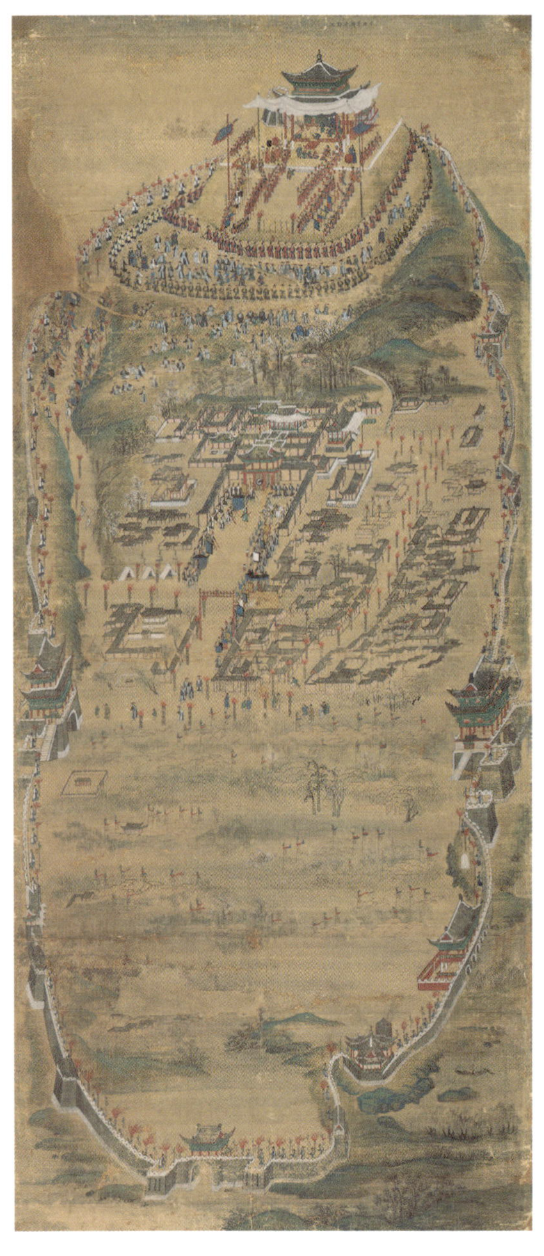

「화성능행도」 속 화성의 모습

7강 이상 도시 수원 화성

정조가 화성을 만든 까닭은

정조는 사도세자의 원침을 호위하고 원행 시 머물 곳을 마련하기 위해 팔달산 자락에 행궁을 건설했습니다. 그런데 정조는 거기서 멈추지 않고 신도시 화성과 신도시를 지키는 군사 시설인 화성 성곽을 건설했습니다. 정조는 왜 이렇게까지 열심히 성곽 도시 화성을 건설했을까요?

왕이 된 정조는 뒤주 안에서 삶을 마친 사도세자의 복권을 꿈꾸었지만, 자신이 직접 왕으로 추존할 수는 없었습니다. 살아생전 영조는 사도세자의 국왕 추존을 막았습니다. 만일 정조가 사도세자를 국왕으로 추존한다면, 이것은 영조의 잘못된 판단으로 사도세자가 억울한 죽임을 당했다고 만천하에 선언하는 것과 다를 바 없었습니다.

하지만 사도세자의 손자인 순조가 사도세자를 국왕으로 추존하는 것은 영조의 뜻을 거스르지 않으면서도 가능한 일이었습니다. 자신이 할 수 없는 아버지 사도세자의 복권을 위해 정조는 순조에게 권력을 이양한 다음, 아들인 순조를 통해 추진할 생각이었습니다.

그뿐만 아니라 정조는 순조가 있는 한성부와 상왕 정조가 머무르는 화성을 '양경체제두 개의 수도를 두는 체제'로 만들어 재임 기간 이루지 못한 국정 개혁을 추진할 생각도 갖고 있었습니다. 어머니 혜경궁 홍씨가 지은 『한중록』에는 혜경궁이 칠순이 되고 왕세자가 15세가 되는 1804년에 왕위를 세자에게 물려주고 자신은 현륭원과 가까운 화성행

호호부실 인인화락의 유전자

궁에서 어머니를 모시고 살겠다는 정조의 계획이 담겨 있습니다.

실제로 이와 같은 형태의 상왕제는 조선의 제4대 왕 세종 즉위 초기 태종의 모습에서 찾을 수 있습니다. 태종은 세종에게 왕위를 물려주었지만, 창경궁 안에 있는 수강궁에서 별도의 상왕부를 구성하였고, 상왕으로서 병권을 장악했고, 날마다 세종의 문안을 받으며 영향력을 행사했습니다.

그러나 정조는 1800년 47세에 운명했습니다. 만일 1804년 이후까지 살았다면 어떻게 되었을까요? 정조의 구상대로 양경체제가 만들어지고, 정조는 화성을 자신의 권력 기반으로 삼아 상왕으로서 한양의 순조에게 국가 경영과 개혁에 대한 전망을 제시하면서 상당한 영향력을 행사했을지도 모릅니다.

태종과 달리 정조는 너무 일찍 세상을 떠났고, 계획은 이루어지지 않았습니다. 그렇지만 살아생전 정조는 신도시 화성을 건설했고, 신도시의 성공을 위해 많은 일을 했습니다. 화성은 군사적 방어 시설인 동시에 농업과 상업이 번성하는 아름답고 살기 좋은 자족 도시로 건설되었습니다.

조선은 농경사회였습니다. 신도시 화성으로 이주한 백성들도 농사를 지어야 했습니다. 그런데 화성의 토양은 그리 좋은 편이 아니었습니다. 이에 정조는 화성 주민들에게 퇴비 증산을 지시했고, 퇴비와 함께 섞인 땅은 3년이 지나면서 농사에 알맞은 토양으로 변모했습니다.

지금도 마찬가지지만 농사는 가뭄이나 홍수 등 날씨에 크게 영향을 받습니다. 특히 물이 없으면 농사를 지을 수 없습니다. 정조는 가뭄을 극복하고 안정적으로 물을 공급하기 위해 화성 주위에 만석거, 만년제, 축만제 등 대형 저수지를 조성했고, 그 주위에 대규모 국영 농장인 둔전을 만들어 화성 내에서 자급자족할 수 있는 기반을 갖추어 갔습니다.

지리적으로 화성은 삼남 지방_{경상도, 전라도, 충청도를 하나로 묶어서 부르는 말}으로 내려가는 길목에 위치한 군사적 요충지였습니다. 정조는 화성에 자신의 친위군영인 장용영 외영을 설치했고, 수도 남쪽을 지키는 국방의 요새로 삼았습니다. 화성은 교통과 상업의 요지로서 충청, 전라, 경상도의 곡창지대를 바탕으로 경제적 번영을 꾀할 수 있는 곳이었습니다. 정조는 한양의 육의전과 같은 시전을 설치해 한양의 부상들을 유치하는 한편 화성 출신 상인들을 적극 육성하는 정책을 폈습니다.

정조의 강력한 상업 장려 정책에 따라 전국 각지에서 온 상인들이 자유롭게 장사를 할 수 있는 기반이 화성에 조성되었습니다. 게다가 조선의 무역을 주름잡던 역관 상인 일부가 화성에 정착해 인삼과 모자 등을 유통하며 조선의 3대 시장 중 하나인 화성 성내외 시장을 형성했습니다.

자유 상업 도시 화성을 건설하면서 자신감을 얻은 정조와 문신 채제공은 1791년에 시전상인들의 금난전권을 폐지하는 정책인 신해통공을 실시했습니다. 이로써 경제 구조

육의전

조선시대 국가의 공인을 받은 서울의 상점인 시전市廛 중에서 점포의 규모, 자본력, 취급 상품의 가치 및 상품의 수요 등이 큰 여섯 종류의 점포.

금난전권

조선 후기 육의전이나 시전 상인들이 허가받지 않은 상인인 난전을 금지할 수 있었던 권리. 독점적으로 상품을 사고팔 수 있는 특권이었다.

호호부실 인인화락의 유전자

의 대대적인 혁신이 이루어졌고, 도시 빈민층과 영세 상인 및 생산자가 보호받으며 자연스럽게 상업 발전이 촉진되었습니다.

화성을 빨리빨리 만든 비결은

화성 성역은 1794년 1월 15일 정조의 명령으로 시작됐습니다. 정조는 성역과 신도시 건설을 주관할 총리대신에 초대 화성유수를 지낸 영중추부사 채제공을, 그리고 수원부사를 거쳐 훈련대장으로 있던 조심태를 제3대 수원유수 겸 감동당상에 임명했습니다.

정조는 화성 성역이야말로 당대인들의 온갖 경륜을 투영해 이룩해야 할 최대의 사명이며, 역사적 사업이라며 채제공 등 신하들을 독려했습니다. 본디 화성 성역은 10년 계획으로 시작한 대역사였으나, 놀랍게도 2년 9개월 만인 1796년 9월에 끝났습니다. 어떻게 그런 일이 가능했을까요? 한국 사회의 '빨리빨리 문화'가 이때부터 시작된 것일까요?

신속하고 효율적인 면을 중시하는 빨리빨리 문화의 장점이라면 괜찮지만, 서두르다가 일을 그르칠 수도 있는 측면을 생각하면 다 좋은 것만은 아닐 것입니다. 그렇다면 2년 9개월 만에 공사를 끝낸 화성 축성은 어느 쪽에 속할까요? 해답을 찾기 위해 공사 2년 전인 1792년으로 잠시 거슬러 올라가 보겠습니다.

1792년, 정조는 정약용에게 서양 역학 기술서인 『기기도설』을 주며 화성의 설계를 준비하도록 지시합니다. 이 책은 스위스 태생의 예수회 선교사 테렌츠P. Johann Terrenz의 기술을 중국인 왕징이 정리한 것으로 역학 원리의 공학적 응용을 그림으로 설명합니다.

정약용은 이 책을 참고해서 동서서양의 과학 기술을 종합해『성화주략』을 지었으며, 빠르고 효율적인 공사를 위해 여러 장비를 고안했습니다. 무거운 돌을 쉽게 들어 올리는 거중기와 녹로를 비롯하여 짐수레인 유형거, 둥근 나무 막대를 깔고 그 위로 돌을 미끄러뜨리는 구판, 바닥이 활처럼 굽어 있는 수레 설마 등은 이전에 사용하던 기구들보다 훨씬 성능이 뛰어나 화성의 공사 기간을 대폭 줄이는 데 큰 역할을 했습니다.

먼저 거중기를 살펴보겠습니다. 무거운 석재를 운반하고 들어 올리려면 큰 힘이 필요합니다. 도르래의 원리를 응용해 여러 활자에 밧줄을 걸어 무거운 돌도 쉽게 올릴 수 있게 고안한 장비가 바로 거중기입니다.

거중기는 여러 개의 도르래에 밧줄을 걸어 무거운 짐을 쉽게 들어 올리기 위해 만든 것입니다. 거중기를 사용할 때는 밑움직도르래 틀에 끼운 세 개의 고정된 쇠고리(늑철)에 가로쇠막대(하철강)를 끼우고 쇠사슬을 쇠막대에 건 다음 또 다른 두 개의 쇠막대를 이용하여 짐을 걸어 둡니다.

그다음 여러 사람이 얼레와 그 위의 도르래를 돌리면 움직도르래에 의해 무거운 짐을 쉽게 들어 올릴 수 있었습니다. 이때 들어 올리는 짐은 반드시 평행을 유지하도록 고리에 걸어야 하며, 양쪽의 얼레도

호호부실 인인화락의 유전자

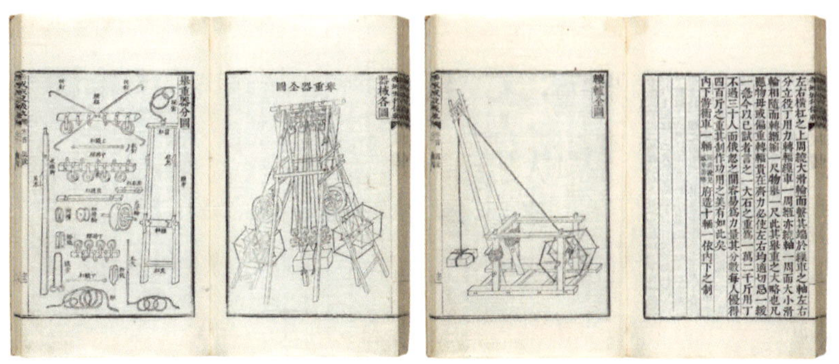

『화성성역의궤』에 그려진 거중기의 모습(오른쪽)　　『화성성역의궤』에 그려진 녹로의 모습(왼쪽)

똑같은 속도로 감아올려야 합니다. 이것을 이용하면 한 사람이 400근, 약 240킬로그램의 무게를 들어 올릴 수 있었습니다.

『화성성역의궤』 '화성기적비'에는 돌을 옮기기 위해 거중기와 유형거를 사용했다는 기록이 남아 있습니다. 거중기는 성벽을 쌓을 때가 아니라, 채석한 돌을 운반용 수레에 실을 때 사용했을 것으로 보입니다.

다음은 녹로입니다. 녹로는 높은 곳이나 먼 곳으로 물체를 달아 올리거나 끌어당길 때 쓰는 장치입니다. 배 위에서 닻을 감는 장치, 도자기, 돌림판, 우물가에서 박을 들어 올리는 두레박, 도르래 등 우리가 흔히 알고 있는 것들도 모두 녹로의 일종입니다.

오늘날 사용하는 고정식 지브 크레인과 구조와 기능이 유사합니다. 긴 간주를 높이 세우고 그 꼭대기에 활차를 달아 밧줄을 걸고 여덟 명이 좌우로 나눠 녹로를 감으면 물건을 원하는 높이로 올렸다가 줄을 조정해서 정확한 지점에 내려 놓을 수 있었습니다.

7강 이상 도시 수원 화성

끝으로 유형거입니다. 정약용은 기존의 수레와는 전혀 다른 형태의 운송 도구인 유형거를 개발했는데요, 유형거는 '흔들거리는 저울과 같은 수레'였습니다. 무게 중심이 낮고 폭이 넓어야 흔들리지 않고 이동할 수 있다는 수레의 상식을 깨고, '복토'라는 반원형의 목재를 통해 짐을 싣는 부분을 의도적으로 높였으며, 폭을 좁혀 수레 자체가 매우 불안정하게 흔들리도록 설계했습니다.

유형거는 수레의 폭을 좁힌 후 바퀴보다 높은 위치에 짐을 싣도록 한 불안정한 구조를 취합니다. 이유는 돌을 수레에 적재하는 기능과 돌을 나르는 기능을 동시에 지닌 다목적 운반 차량이었기 때문입니다.

유형거의 바퀴와 복토는 지렛대의 받침점 역할을 하고, 긴 수레 손잡이는 힘점, 차상 앞부분은 돌부리에 찔러 넣어 돌을 들어 올리는 작용점에 해당합니다. 받침점에 해당하는 부분은 소 혀와 같은 모양으로 하였고 긴 쪽은 끝부분을 점점 가늘고 둥글게 하여 사람 손으로 쉽게 잡아 누르도록 했는데요. 이 손잡이 부분을 잡고 올리면 짧은 고 부분이 낮아져 돌을 쉽게 차상에 올려놓을 수 있고, 손잡이를 내리면 돌이 손잡이 쪽으로 미끄러져 내리게 됩니다.

유형거의 차상에는 다른 수레들에 없는 두 개의 세로대가 보강되어 있습니다. 껍질을 벗겨 매끄럽게 만든 생참나무를 사용하고 등을 둥글게 하여 돌이 쉽게 미끄러질 수 있었고, '한표'라고 하는 조그만 나무토막을 부착하여 어느 선 이상 돌이 넘어가지 못하게 했습니다.

이처럼 화성 건설에는 거중기, 녹로, 유형거와 같은 새로운 장비들이 적극적으로 활용됐습니다. 이런 이유로 정약용을 신도시를 설계한

호호부실 인인화락의 유전자

다재다능한 건설 공학자이자 화성 건설에 필요한 장비를 개량하거나 발명한 기계 공학자로 평가하기도 합니다.

그런데 말입니다. 아무리 최신 장비를 사용한다고 해도 완공까지 10년을 예상한 공사를 2년 9개월로 단축했다고 보기 어렵다는 견해가 있습니다. 왜냐하면 당시 화성 건설 현장에서 사용한 거중기는 한 대, 녹로 두 대뿐이었거든요. 이렇듯 적은 수의 장비로 성벽과 성문과 온갖 건조물들을 만드는 시간을 줄였다고 평가하는 것은 무리라는 겁니다.

또한 정약용은 자신이 직접 쓴『자찬묘지명』에서 공사비 4만 냥을 줄일 수 있었다고 기록하고 있는데요. 4만 냥은 화성 전체 공사비 약 87만 냥 중 5퍼센트에 불과했습니다. 물론 동서양의 기술이 집약된 새로운 장비를 사용함으로써 공사 기간을 어느 정도는 단축하고, 안전사고 등도 예방할 수 있었을 겁니다. 그렇지만 10년을 2년 9개월로 단축할 수 있었던 데에는 또 다른 이유가 있었을 겁니다.

철저한 임금 지급

첨단 기술력뿐만 아니라, 화성 건설을 빨리 끝낼 수 있었던 여러 가지 이유가 있었습니다. 공사를 진두지휘한 관료들의 탁월한 관리와 경영 능력도 크게 작용했습니다. 무엇보다도 주목할 것은 화성 건설에 참여한 노동자들이 부역으로 동원된 무보수 노동자가 아니라 일한 만큼 보수를 받는 임금 노동자였다는 점입니다.

조선시대 백성들은 부역의 의무가 있었습니다. 국가와 지방관청은 부역제에 따라 언제든지 백성들의 노동력을 동원할 수 있었습니다. 화성 건설의 총책임자인 체제공도 '국가 대사이므로 백성들에게 일을 맡기지 않을 수 없으며 백성은 나라를 위해 부역하는 것이 당연하다'라고 주장했지만, 정조는 강제 부역에 동의하지 않고 임금을 줄 것을 명령했습니다.

백성의 살림살이, 민생을 돌보겠다는 정조의 확고한 의지에 따라 화성 공사에 참여한 모든 노동자는 임금을 지급받았습니다.『화성성역의궤』의 '화성기적비'에는 화성 공사에 인부가 약 70만 명이 투입됐는데, 정조대왕의 백성을 사랑하는 성왕 정치이념을 바탕으로 인부는 모두 노임을 주고 부리며, 백성들에게는 단 3일간의 의무적인 부역이라도 면하도록 했다고 기록돼 있습니다.

다만 석수와 목수, 단청공, 기와 및 벽돌장, 미장, 대장장, 조각장 등 꼭 필요한 전문 노동력은 부역으로 징발했습니다. 그러나 이들에게도 품삯을 지급했는데요, 단순 노동자보다 더 많은 액수를 지급함으로써 전문 장인으로 예우했습니다. 일반 노동자의 경우 하루 품삯이 2전 5푼 정도가 지급되었지만, 목수와 미장이, 조각장, 화공, 수레장 등의 경우는 하루에 4전 2푼씩 지급되었습니다.

정당한 임금뿐만 아니라 화성 건설에 참여한 인부들의 건강과 복지에도 각별한 배려가 있었습니다. 멀리서 온 일꾼들을 위해 팔달문과 장안문 등 축성 공사장 인근과 돌 뜨는 곳이었던 숙지산, 여기산과 목재 다듬는 곳이었던 구포지금의 화성시 비봉면 등지에 임시 가옥을 설치했습니다.

호호부실 인인화락의 유전자

노동자가 병이 나면 성 밖에 막사를 치고 진료해 주었으며, 병 때문에 일을 하지 못해도 매일 쌀 한 되, 돈 1전씩을 지급했습니다. 그뿐만 아니라 인부들에 향한 정조의 각별한 관심에 따라 수시로 상품을 지급하고 잔치를 열어 주었으며, 기온이 올라가는 여름에는 몸을 보호하는 척서단이란 약을 내려 주었고, 한겨울에는 방한용 털모자까지 지급했습니다.

화성 건설은 국가와 지방관청에서 시행한 여느 공사와는 달랐습니다. 신도시 건설 현장의 이야기들이 순식간에 전국으로 퍼져 나갔고, 경향 각지에서 많은 노동자가 화성으로 몰려들었습니다. 급기야는 노동력 과잉을 막기 위해 너무 많은 사람이 수원에 오지 못하도록 하라는 정조의 특명이 각 지방관에게 하달될 정도였습니다.

성을 쌓는 일은 필요한 돌을 캐고, 무거운 돌을 나르고 쌓는 고된 노동을 요하는 작업입니다. 하지만 화성 공사 현장은 동시에 일한 만큼 보수를 받은 노동자들의 웃음소리가 번지는 즐거운 일터였을 겁니다. 노동자에 대한 존중과 따뜻한 복지 정책, 철저한 임금 지급 등은 작업의 능률을 높였을 테고, 결국 이것이 예상했던 것보다 훨씬 '빨리빨리' 공사를 마칠 수 있었던 결정적 요인이었을 겁니다.

호호부실 인인화락

세계문화유산 수원 화성은 18세기 조선의 과학 기술로 쌓은 성곽

건축의 꽃입니다. 유네스코는 화성을 동서양의 군사시설이론을 잘 배합한 독특한 성으로서 방어적 기능이 뛰어난 특징을 지녔으며, 성벽 안에 설치된 네 개의 성문을 비롯한 모든 건조물이 각기 모양과 디자인이 다른 다양성을 지닌 아름다운 성이라고 평가했습니다.

수원 화성은 조선왕조 제22대 정조대왕이 당쟁에 휘말려 왕위에 오르지 못하고 뒤주 속에서 생을 마감한 아버지 사도세자의 원침을 양주 배봉산에서 조선 최대의 명당인 수원 화산으로 천봉하고 화산 부근에 있던 읍치를 수원 팔달산 아래 지금의 위치로 옮기면서 축성되었습니다. 수원 화성은 정조의 효심으로 쌓은 성이었습니다만, 당쟁에 의한 당파 정치 근절과 강력한 왕도 정치의 실현을 위한 원대한 정치적 포부가 담긴 정치 구상의 중심지로 건설되었고, 수도 남쪽의 국방 요새로 활용하기 위한 목적도 있었습니다.

1797년, 완성된 화성을 둘러보고 행궁으로 돌아온 정조는 말했습니다. "지금 제일 급한 것은 집집마다 부유하게 하고 사람마다 화락하게 하는 것이다." 호호부실 인인화락戶戶富實 人人和樂. 신도시 화성을 건설한 정조의 목표는 이 한마디에 집약돼 있습니다. 정조는 백성이 화목하게 잘살기를 바랐습니다.

관아를 옮기는 이사 비용을 지급하고, 세금을 면제해 주고, 별시를 통해 인재를 등용하고, 성을 쌓은 인부들에게 실질 임금을 지급하고 다치거나 아픈 사람을 세밀하게 돌보는 등 화성 축성 기간에 일어난 모든 일은 백성이 화목하게 잘사는 나라를 꿈꾼 정조의 따뜻한 리더십에서 나온 것이었습니다.

호호부실 인인화락의 유전자

수원 화성의 중심에는 화성행궁이 있고, 후원에는 '미로한정'이라는 작은 정자가 있습니다. 미로한정은 '늙기 전에 한가로움을 얻어야 진정한 한가로움'이라는 뜻을 가졌습니다. 만일 정조가 오래 살았다면, 정조는 이곳 미로한정에 앉아 왕도 정치의 실현과 백성이 잘사는 나라를 만드는 꿈을 펼쳤을 겁니다.

수원에 가시면, 조선 성곽의 꽃 화성의 성곽을 따라 걸으면서 '아름다운 것이 강하다'라고 한 정조의 말도 음미해 보시기 바랍니다. 정조가 앉았던 미로한정에서 다리를 쉬며 200여 년의 시간을 건너보시길 바랍니다. '집집마다 부유하고 사람마다 화평하고 즐겁게 살기'를 꿈꾸었던 정조의 '호호부실 인인화락'의 마음이 우리 사회에 어떻게 이어지고 있는지 발견할 수 있을 겁니다.

7강 이상 도시 수원 화성

화성행궁 내 미로한정

호호부실 인인화락의 유전자

8강

좌절된 근대
갑신정변

세상을 바꾸는
개혁과 혁명의 유전자

김옥균, 박영효, 홍영식, 서광범 등은 결의했습니다. 하나, 창덕궁에 방화한다. 둘, 수구파 영수들을 처치한다. 셋, 고종과 민비의 신변을 확보한다. 넷, 신정부를 수립하고 개혁을 단행한다. 이들은 무엇이 그렇게 절실했을까요? 급진개화파는 개혁, 혁명, 부국강병을 꿈꾸었습니다. 1884년 10월 17일 밤, 민씨 척족을 비롯한 수구파를 처단했습니다. 거사에 성공한 신정부는 선언했습니다. 청으로부터 독립, 신분제 폐지, 인민 평등, 공정한 인재 등용, 탐관오리 처벌, 경제 개혁, 입헌군주제로 정체 개편! 이들이 꿈꾸었던 세상을 소개합니다.

갑신정변, 삼일천하

김옥균의 차관 외교 실패
1884년 4월
개화 세력의 위기가 고조되다.
우정총국 개설
연회장 방화 사건
1884년
10월 17일
급진개화파, 거사하다.
궁궐 장악, 신정부 수립
1884년
10월 18일
14개조 개혁 정령 발표
청군 개입, 일본군 철수
1884년
10월 19일
3일 만에 실패한 정변
갑신정변 주역 일본 망명
1884년
10월 23일
개혁과 혁명의 꿈이
스러지다.

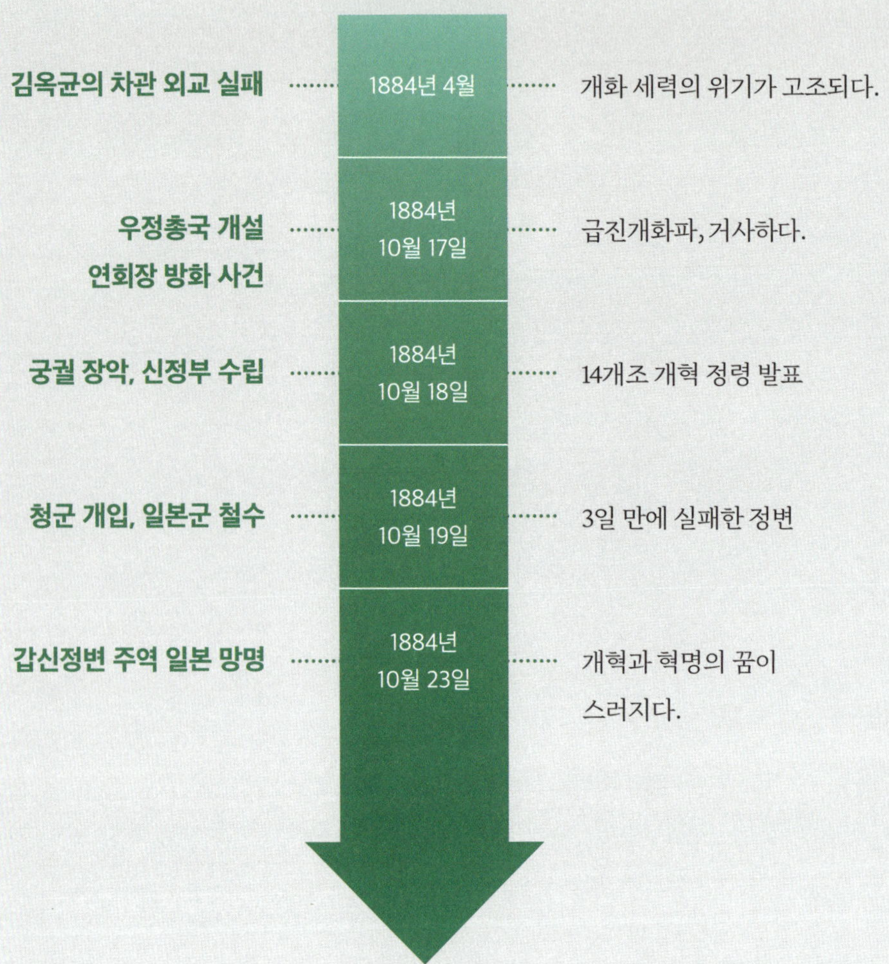

❖

우정총국의 숨겨진 비밀

한 장의 사진이 있습니다. 뒷장의 사진 속 건물은 서울시 종로구 조계사 바로 옆에 자리 잡은 전통 한옥입니다. 앞면 다섯 칸, 옆면 세 칸에 팔작지붕을 얹은 전형적인 전통 한옥의 모습을 하고 있는데요. 하지만 단순한 한옥이 아닙니다. 19세기 말 조선을 뒤흔든 개화의 상징, 바로 우정총국이 자리했던 곳입니다. 바로 체신기념관입니다.

체신기념관 안에는 1883년 조선이 미국에 파견한 외교 사절단 보빙사 일행의 사진이 걸려 있습니다. 그리고 보빙사가 귀국한 후에 고종에게 보고하면서 주고받은 질문과 답을 기록한 홍영식의 「복명문답

세상을 바꾸는 개혁과 혁명의 유전자

우정총국 건물 ○ 현재는 체신기념관으로 쓰이고 있고, 초대 총판 홍영식의 흑백 사진을 비롯해 우표, 구한말 엽서 등을 전시하고 있다.

기」도 전시돼 있습니다. 또한 우리나라 최초의 우표인 '문위우표'의 모습도 확인할 수 있습니다.

체신기념관은 1884년 3월 27일(양력 4월 22일), 근대적 우편제도의 시작을 알리는 우정총국이 설치된 곳입니다. 당시 보빙사의 일원으로 미국에 다녀온 홍영식이 우정국총판에 임명되었고, 사무장정, 우정 규칙 등 각종 법령을 정비하여 10월 1일부터 서울과 인천 간 우편 업무를 시작했습니다.

그런데요, 근대적 우편제도의 시작을 알린 우정총국의 역사는 1884년 10월 17일, 우정국 개설을 축하하는 연회가 열린 날 뜻하지 않

8강 좌절된 근대 갑신정변

문위우표 ○ 우리나라 최초의 우표로, 훗날 수집가들이 당시 화폐 단위 '문(文)'을 따 이름을 지었다. 5문(좌), 10문(우)

게 종말을 고하는 운명을 맞이합니다. 도대체 무슨 일이 있었기에 우정총국은 폐지되고, 근대적 우편제도의 시행과 정착은 무려 10년 이상 늦춰져야 했을까요? 지금부터 그날 그 현장으로 가 보겠습니다.

혁명의 불을 지피다

19세기 중엽 조선 사회는 안팎으로 흔들리고 있었습니다. 내부적으로는 전근대사회의 구조적 모순들이 쌓여 있었고 외부적으로는 구미 열강이 조선을 압박하는 중이었습니다. 이런 상황에서 오경석, 유홍기, 박규수 등 초기 개화사상가들이 등장합니다. 이들은 조선 후기 실학 정신을 이어받아 서양 문물을 적극 수용해 조선 사회를 근대적으로 혁신해야 한다고 주장했습니다. 자연스럽게 이들 주변에 새로운 세대가 모여들었습니다.

세상을 바꾸는 개혁과 혁명의 유전자

박규수 문하에서 공부하던 김옥균, 박영효, 홍영식, 서광범 같은
청년 애국지사들이었죠.

김옥균

박영효

서광범

홍영식

1879년경 김옥균은 조선이 처한 위기를 극복하기 위해서는 봉건 제를 혁파하고 신지식과 신기술을 습득해 부국강병해야 한다는 생각으로 동지들을 모아 개화당을 결성했습니다. 김옥균과 뜻을 같이한 철종의 사위 박영효는 궁중에서 개화당 활동에 유리한 조건을 만드는 데에 중요한 역할을 했고, 명문 출신인 서광범과 보빙사 부사로서 미국을 다녀온 홍영식 등도 개화의 선두에 섰습니다. 1880~1884년 사이 개화당은 윤치호, 변수, 서재필 등 해외 유학생을 포섭해 40명 내외로 세력을 확장했습니다. 이 가운데 가장 적극적으로 일본을 주목한 사람은 김옥균이었습니다.

1881~1884년 사이 세 차례 일본을 방문하면서 그는 메이지 유신의 현실을 직접 목격합니다. 나가사키의 조선소와 제련소 등을 둘러보며 일본의 변화에 크게 충격을 받았고, 오사카에서는 군수공장과 조폐국 등을 둘러본 뒤 교토와 고베를 차례로 시찰하면서 조선과 일본 사이의 격차를 피부로 느끼며 개화의 필요성을 절감했습니다.

도쿄에 도착해서는 일본의 계몽사상가 후쿠자와 유키치의 집에 머물면서 외무부와 육군부를 방문하기도 했습니다. 일본과 중국의 지식인들이 조직한 단체인 흥아회 모임에도 참석했는데요. 흥아회는 한중일 삼국이 힘을 합쳐 서양 세력에 대항해야 한다고 주장하는 단체였습니다.

김옥균은 귀국 후 『기화근사』라는 책을 씁니다. 조선의 완전한 자주독립과 근대화를 달성하기 위해 일대 개혁이 불가피하다는 내용을 담았는데요, 양반 제도의 폐지와 고른 인재의 등용, 재정 개혁, 회사 제

세상을 바꾸는 개혁과 혁명의 유전자

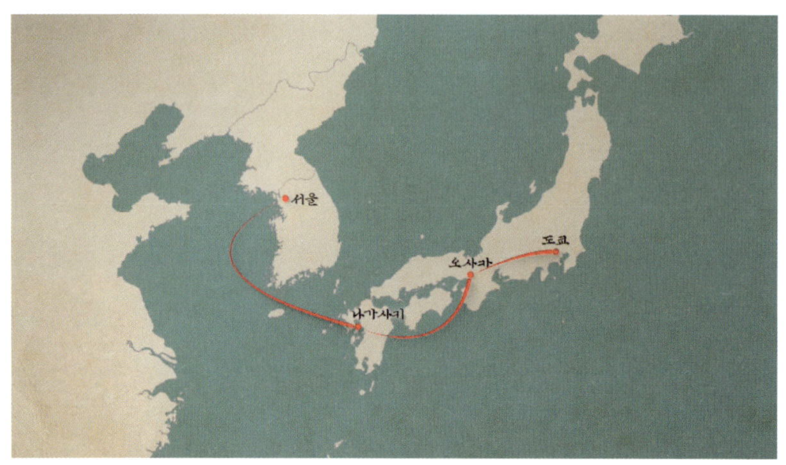

김옥균의 이동 경로 ○ 김옥균은 메이지 유신 이후 일본의 발전을 목도하고, 일본을 모델로 한 조선의 근대를 기획한다.

도의 장려, 화폐개혁, 철도 부설과 기선의 도입 등 아주 구체적인 방안을 제시했습니다.

1882년 8월(양력 9월), 정사 박영효, 부사 김만식, 조사관 서광범이 수신사로 일본에 파견되었을 때, 김옥균은 민영익과 함께 고문 자격으로 동행했으며, 외무부와 왕궁을 예방하여 일왕을 만나기도 했습니다. 박영효 역시 일본의 변화에 크게 자극받았고, 개혁을 서둘러야 한다는 결의를 다졌습니다.

수신사 일행은 귀국했지만, 김옥균은 일본에 남아 외무경 이노우에의 알선으로 요코하마 마사가네은행에서 17만 달러의 차관을 얻습니다. 당시 일본은 개화당을 친일 세력으로 포섭하기 위해 자금을 지원했습니다.

개화 정책을 추진하기 위해서는 자금이 필요하다고 판단한 김옥균은 귀국 후 고종에게 외채 도입의 필요성을 호소했고, 차관 도입에 필요한 국채 위임장을 받았습니다. 1883년 5월(양력 6월), 김옥균은 3차 방일에 나섰습니다. 1차 목표는 울릉도 개척과 포경 사업에 필요한 자금 300만 원의 차관을 얻는 것이었고, 2차 목표는 성과를 내어 개혁에 절대적으로 필요한 고종의 신임을 얻는 것이었습니다.

그런데 뜻밖에도 일본의 태도가 달라졌습니다. 조선에 파견돼 있던 다케조에 공사로부터 개화당 세력이 약하다는 보고를 받은 이노우에가 태도를 바꿔 김옥균의 차관 요청을 거절했습니다. 쉽게 포기할 수 없었던 김옥균은 일본 주재 외국 상사와 민간 은행 등과 백방으로 교섭했지만, 모두 실패했습니다.

1884년 4월(양력 5월), 차관 외교에 실패하고 빈손으로 귀국한 김옥균의 정치적 입지는 흔들렸습니다. 하지만 그는 물러서지 않았습니다. 김옥균은 박영효, 홍영식, 서광범, 변수 등과 만나 개혁의 방향을 계속 논의했으며, 미국 공사 푸트를 만나 개혁에 걸림돌이 되는 주변인들을 숙청하겠다는 뜻을 밝혔습니다.

이때 거사를 준비하는 개화당을 도운 결정적인 사건이 발생했습니다. 바로 청프전쟁입니다. 당시 청나라는 베트남을 둘러싸고 프랑스와 전쟁에 돌입해 있었는데요, 프랑스군에 패전을 거듭하면서 조선 주둔 병력의 절반을 베트남에 급파해야 했습니다. 김옥균과 개화당은 이때를 절대 놓쳐서는 안 되는 기회로 판단했고, 일본 정부 역시 프랑스

세상을 바꾸는 개혁과 혁명의 유전자

와 싸우느라 여념이 없는 청이 조선에서 어떤 일이 일어나도 쉽사리 개입할 수 없을 것으로 판단했습니다.

그러던 어느 날, 김옥균은 일본 공사 다케조에가 잠시 일본으로 귀환한 사이 서기관 시마무라로부터 "청이 프랑스와 싸우느라 여력이 없으므로 일본은 개화당을 도울 준비가 되어 있다"라는 말을 듣게 되는데요, 당시 김옥균은 시마무라의 말을 일본 정부의 공식 입장으로 판단했습니다.

결정적으로 김옥균과 개화당을 부추긴 것은 다케조에 공사였습니다. 9월 20일(양력 11월 7일) 만남에서 정변을 지지했으며, 10월 8일(양력 11월 25일)에는 일본군이 비록 1개 중대에 불과하나 북악이나 남산을 점령할 경우 짧게는 2주, 길게는 2개월 동안 청군과 대적할 수 있다면서 자금과 병력 지원을 약속했습니다.

10월 14일(양력 12월 1일) 밤 중요한 장면이 펼쳐집니다. 김옥균은 박영효, 홍영식, 서광범과 함께 일본공사관에서 시마무라 서기관을 만나 거사에 대한 일본의 지원을 확인한 다음 박영효의 집으로 이동해 거사의 세부 계획을 확정했습니다.

하나. 창덕궁(별궁)에 방화한다.
둘. 수구파 영수들을 처치한다.
셋. 고종과 민비의 신변을 확보하고 지키기 쉬운 경우궁으로 옮긴다.
넷. 신정부를 수립하고 개혁을 단행한다.

혁명의 불길을 올리다

10월 17일(양력 12월 4일) 저녁 7시, 우정국 개설 축하 연회가 시작됐습니다. 이 자리에는 우정국 총판인 홍영식을 비롯해 정변 주도 세력 박영효, 김옥균, 서광범 등과 권력의 실세였던 좌영사 이조연, 우영사 민영익, 전영사 한규직 등 인물들과 외아문 독판 김홍집, 총세무사 묄렌도르프 그리고 미국 공사와 영국 영사, 청국 총판 등 각국의 외교관들이 참석했습니다.

시대의 변화를 꿈꾸는 사람들과 기존의 권력을 쥐고 있는 사람들 그리고 각국의 시선이 한 공간 속에 뒤섞여 있었습니다. 개화당이 준비한 거사의 첫 번째 단계는 창덕궁에 불을 질러 혼란을 만드는 것이었습니다. 개화당은 본디 8시 30분에서 9시경에 창덕궁에 방화하기로 계획했습니다. 하지만 첫 번째 방화 시도는 실패했습니다.

결국 행동대원들은 창덕궁 옆 초가를 찾아 방화했습니다. 밤 9시경 "불이야" 하는 소리와 함께 우정국 북쪽 창에서 멀지 않은 곳에서 화염이 치솟았습니다. 놀란 민영익이 제일 먼저 밖으로 나갔습니다. 참석자들이 우왕좌왕하고 있을 때, 몸에 칼을 맞은 민영익이 피투성이가 되어 돌아오자, 연회장은 순식간에 아수라장이 되었고, 그제야 참석자들은 뿔뿔이 흩어져 몸을 피했습니다.

창덕궁 방화 그리고 우정국 연회장의 4영사 처단 등 1단계 계획이 차질을 빚자, 김옥균은 박영효, 서광범과 함께 일본 공사관에 들러 일본 측의 준비 상태를 확인한 후, 고종을 확보하기 위해 창덕궁으로 향

세상을 바꾸는 개혁과 혁명의 유전자

했습니다.

편전에서 고종을 만난 김옥균, 박영효, 서광범은 우정국의 변란을 보고하면서 위험하니 경우궁으로 잠시 이동할 것을 청했습니다. 이동하는 도중 김옥균은 고종에게 '호위를 위해 일본군 출동을 요청해야 한다'고 보고하며 친필 칙서를 요구했고, 고종은 '일본 공사는 와서 짐을 호위하라'는 내용의 칙서를 써 주었습니다.

어가(임금이 타던 수레)가 경우궁 정전 뜰에 이르렀을 때, 고종의 친필 칙서를 받은 일본 공사가 군대를 이끌고 와서 왕을 호위했습니다. 윤계완과 서재필이 지휘하는 행동대원들이 정전을 맡았고, 일본군은 경우궁의 각 대문 안팎을 경호했습니다. 김옥균은 10여 명의 무감을 경우궁 밖에 파견하여 소식을 듣고 오는 재신들의 명단을 들여보낼 것을 지시했습니다.

자정이 넘어 경우궁으로 달려온 전영사 한규직, 좌영사 이조연, 후영사 윤태준 등이 고종 알현을 청했으나 개화당은 거절했습니다. 이들이 경우궁 후문으로 나가자, 어둠 속에서 대기하고 있던 윤경순, 김봉균 등 행동대원들이 세 사람을 차례로 살해했습니다. 이어서 경우궁으로 들어오는 민영목, 조영하, 민태호 등도 차례로 처단했습니다.

이로써 정변 주도 세력이 제거하고자 했던 권력의 핵심 실세들, 즉 민씨 일가의 대표적인 인물들과 군 책임자 3영사를 모두 처단했습니다. 그리고 고종의 종형(사촌 형)인 이재원을 불러들여 정변의 의도를 설명하고 협조를 구했는데요, 이재원은 기꺼이 김옥균 등의 요청을 받아들였습니다.

176

신정부를 세우다

정변에 성공한 개화당은 거사 이튿날인 10월 18일(양력 12월 5일), 대대적인 인사를 단행했습니다. 영의정 이재원, 좌의정 홍영식, 전후영사 겸 좌포장 박영효, 좌우영사 겸 대리외무독판 우포장 서광범, 좌찬성 겸 좌우참찬 이재면(홍선대원군의 장자), 이조판서 겸 홍문관 제학 신기선, 예조판서 김윤식, 병조판서 이재완(홍선대원군의 조카), 호조참판 김옥균, 병조참판 겸 정령관 서재필 등이었습니다.

개화당은 의정권과 군사·치안권, 재정권을 장악했고, 대원군 계열의 종친과 왕실 그리고 외척과의 연대를 도모하면서 의정부 세력과 범 개화 세력을 두루 포섭했습니다. 이런 인사는 당시 민씨 일가 중심의 권력 구조에서 소외된 자들을 끌어들임으로써 반민비 세력을 규합한 성격을 띠는 것이었습니다.

오전 10시경, 고종은 경우궁의 남쪽에 이웃하여 있는 이재원의 계동궁으로 이어했습니다. 경우궁이 비좁다는 이유를 들어 창덕궁으로 환궁할 것을 끈질기게 요구하는 민비의 요청을 이기지 못해 이루어진 임시방편의 조처였습니다.

상황은 긴박하게 돌아가고 있었고, 민비는 김옥균에게 또다시 창덕궁으로 돌아갈 것을 요청했지만, 김옥균은 방어상의 문제점을 들어 거절했습니다. 그런데 김옥균이 잠시 자리를 비운 사이에 고종은 다케조에에게 창덕궁으로 환궁하겠다 재차 요구했고, 다케조에는 환궁해도 좋겠다는 뜻을 고종에게 알렸습니다.

세상을 바꾸는 개혁과 혁명의 유전자

다케조에 공사의 독단적인 결정에 따라, 오후 5시경 고종은 창덕궁 관물헌으로 옮겼습니다. 이때 창덕궁의 경비는 개화당이 동원한 행동대원과 사관생도들이 맡고, 중간 수위는 일본 병사가 맡았으며, 바깥 수위는 4영의 군사들이 맡았습니다. 그렇지만 적은 수의 병사로 지키기에는 창덕궁은 너무 넓었습니다.

밤이 늦어 창덕궁의 대궐 문을 닫으려 할 때 청국 병영에서 선인문을 잠그지 말라는 통보가 전달됩니다. 이에 개화당은 선인문을 닫지 않고 전·후영군 400명을 불러 각 100명씩 나누어 요지에 주둔하게 하고 청 진영의 동태를 살피라고 했으며, 일본군에게도 경계 태세에 들어가도록 지시했습니다.

개혁 정령을 발표하다

거사 3일째인 10월 19일(양력 12월 6일) 오전 10시경, 개화당은 본격적인 개혁 구상을 담은 정령을 발표했습니다. 공포된 정령은 원래 80여 개 조항에 이르렀다고 하지만, 14개 조항만이 김옥균이 쓴 『갑신일록』에 전하고 있습니다. 과연 개화당이 지향한 개혁은 어떤 것이었을까요? 정령에 담긴 내용을 살펴보겠습니다.

1. 대원군을 며칠 안에 돌려보낼 것. 조공하는 허례의 행사를 폐지할 것.

2. 문벌을 폐지하여 인민 평등의 권리를 제정하고, 사람의 능력으로써 관

직을 택하게 하지 관직으로써 사람을 택하지 않을 것.

3. 전국의 지조법을 개혁하여, 간사한 관리들을 근절하고, 백성의 곤란을 구하며, 겸하여 국가 재정을 유족하게 할 것.

4. 내시부(內侍府)를 폐지하고 그중에 참으로 우수하고 재능 있는 자는 등용할 것.

5. 그동안 국가에 해독을 끼친 탐관오리 중에서 심한 자는 처벌할 것.

6. 각 도의 환상(還上)제도는 영구히 폐지할 것.

7. 규장각을 폐지할 것.

8. 순사제도를 시급히 설치하여 도적을 방지할 것.

9. 혜상공국을 폐지할 것.

10. 그동안 유배·금고된 사람들을 다시 조사하여 석방할 것.

11. 4영을 합하여 1영으로 만들고, 영 중에서 장정을 선발하여 근위대를 시급히 설치할 것(육군대장은 세자궁을 추대할 것).

12. 모든 국가 재정을 호조로 하여금 관할케 하며, 그 밖의 모든 재무관청은 폐지할 것.

13. 대신과 참찬(새로 임명된 6인의 이름은 생략함)은 합문 안의 의정소에서 매일 회의를 하여 정사를 결정한 후에 왕에게 품한 다음 정령을 공포해서 정사를 집행할 것.

14. 정부는 6조 외에 무릇 불필요한 관청에 속하는 것은 모두 폐지하고, 대신과 참찬으로 하여금 토의하여 처리케 할 것.

이상 14개조에 이르는 개화당의 정령에는 개혁과 혁신에 관한 많

세상을 바꾸는 개혁과 혁명의 유전자

은 내용이 담겨 있는데요. 내용을 분야별로 나눠 보면 다음과 같습니다.

첫째, 자주독립의 공포입니다. 조선의 주권은 임오군란 이후 청국에 의해 크게 침해되었습니다. 청국은 임오군란을 수습한다면서 3000명의 청군을 조선에 주둔시켰고, 흥선대원군을 청국으로 납치해 갔습니다. 이는 조선의 주권을 유린한 만행이었습니다.

그러나 민비의 척족성이 다른 일가과 수구파들은 청국의 도움으로 재집권했기 때문에, 주권 침해에도 아랑곳하지 않고 권력 유지와 사리사욕 채우기에 급급했습니다. 개화당이 대원군의 송환과 조공 폐지를 정령의 맨 앞에 둔 첫째 이유는 조선의 자주성을 회복하겠다는 선언적인 의미를 갖는 것이지만, 한편으로는 개혁의 실행과 완수를 위해 대원군 지지 세력을 끌어들이겠다는 의도를 담은 것입니다.

둘째, 신분제 폐지와 공평한 인재 등용입니다. 계급이 발생한 이래 수천 년 계속된 신분제를 폐지한다는 것은 말 그대로 혁명적인 사건입니다. 특히 신분제로 인해 차별과 억압을 받아온 평민이나 천민 집단이 아닌 지배계층에 속하는 개화당이 신분제를 폐지하고 만민 평등을 지향한 것에 큰 의미를 둘 수 있습니다.

19세기 조선 사회는 양반 문벌의 전횡과 그로 인한 폐해가 심각했습니다. 갑신정변 직전에는 수구파 민씨 척족과 몇 개의 문벌들이 정부의 요직을 차지했고, 매관매직과 부정부패가 만연해 있었습니다. 따라서 문벌 귀족의 특권을 타파하고 공평하고 공정하게 인재를 선발해 국가 발전을 도모하겠다는 계획은 실질적으로 조선 사회를 바꿔 나갈 수 있는 혁신안이었습니다.

8강 좌절된 근대 갑신정변

셋째, 정부 조직 개편과 입헌군주제 수립입니다. 제4조 내시부 폐지, 제13조 대신과 참찬은 의정소에서 정사를 결정한 후 왕에게 품한 다음 정령으로 집행할 것, 제14조 육조 외 불필요한 관청 폐지 등은 정부 조직 개편과 대신과 참찬 중심이 되어 국가 대사를 다룬다는 내용을 담고 있습니다.

특히 권력 실세인 대신과 참찬이 참여하는 '의정소'가 입법·사법·행정 3권을 장악하고, 국가 대사를 논의·결정한 다음, 왕의 재가라는 형식적인 절차를 거쳐 집행한다는 것은 종래의 전제 군주권에 제한을 가하고 내각이 중심이 되는 입헌군주제의 초기 형태로 정치체제를 바꾸려는 시도로 볼 수 있습니다.

넷째, 재정의 통합과 경제 개혁입니다. 환곡을 폐지하고 세제 개혁을 통해 국민 부담을 줄이고 재정은 호조에서 전담하도록 했습니다. 또한 혜상공국 폐지는 보부상 등 전근대적 특권 상업 제도를 폐지해 누구나 자유롭게 경쟁할 수 있는 자유 상업 제도를 도입하겠다는 것이었습니다.

이 밖에도 군사 제도 개편, 경찰 제도 신설, 국가에 해독을 끼친 탐관오리에 대한 처벌 등 거의 모든 국가 시스템을 손보겠다는 의지가 정령 전체에 담겨 있습니다. 규장각 폐지에 대해서는 의아하게 느낄 수 있습니다만, 이는 전근대적 특권적 양반 문화의 제도적 측면을 해체하고, 일반 국민과 민중의 신교육에 의한 근대 문화 수립을 추구한 것이었습니다.

세상을 바꾸는 개혁과 혁명의 유전자

아, 삼일천하

갑신정변을 일으킨 개화당은 근대화와 부국강병을 위해 급진적인 개혁을 추구했습니다. 수구파를 처단하고, 왕을 확보하고, 신정부를 구성하고, 정령을 발표함으로써 조선 사회를 신속하게 개혁해 나가려고 했습니다. 그러나 한국인 모두가 알고 있듯이 갑신정변은 3일 만에 막을 내리고 말았습니다.

거사 3일째인 10월 19일(양력 12월 6일) 오전 10시경, 청나라 병력 200명이 남양 지방에서 서울로 올라오고 있다는 소식이 전해졌습니다. 그와 동시에 다케조에 공사는 일본군의 철수를 요청했습니다. 일본군이 빠지면 개화당 병력만으로 창덕궁을 지키는 것은 불가능했습니다. 김옥균은 필사적으로 일본군의 철수를 막고, 청군의 공격에 대비했습니다. 일본군 철수는 곧 정변 실패로 이어질 수 있기 때문이죠.

오후 3시경 정변 발생 이후 민비 측과 긴밀히 소통하며 사태를 예의 주시하던 청이 작전을 개시했습니다. 약 1500명의 병력을 두 부대로 나누어 돈화문과 선인문을 공격하며 궁궐로 침범해 들어왔습니다. 개화당의 조선군은 청군에 맞서 격렬한 전투를 벌였지만, 화력의 열세로 잠깐 사이에 수십 명이 전사했습니다.

하필이면 그때 일본 외무대신이 다케조에에게 보낸 훈령이 전달되었습니다. 내용은 '일본군을 조선 개화당의 정변에 개입시키지 말라는 것'이었습니다. 일본 정부가 돌연 태도를 바꾼 이유는 청프전쟁이 소강상태에 접어들면서 청나라와 직접 충돌을 피하려 했기 때문이었

갑신정변 전개 과정

습니다.

청군과 조선군 쌍방 간 치열한 공방전이 벌어지자, 민비와 세자·세자빈이 궁문을 나가 북산으로 피신했습니다. 그리고 고종은 무감과 병정 4~5명만 거느리고 뒷산 기슭으로 피신했다가 다시 연경당으로 내려왔습니다. 전황이 불리해지자 김옥균은 고종에게 인천으로 피신하자는 계책을 말했으나, 고종은 거절했습니다.

수세에 몰린 정변 주도층과 일본 공사는 결국 철수를 결정했습니다. 다만 홍영식과 박영교는 사관생도들과 함께 고종을 호위하여 북묘로 향했는데요. 고종을 호위하던 두 사람은 현장에서 청군에게 살해됐습니다. 저녁 7시 30분경 김옥균 등은 다케조에를 따라 일본 공사관으로 후퇴했습니다. 이로써 개화당의 정변은 3일 만에 막을 내렸습니다.

세상을 바꾸는 개혁과 혁명의 유전자

갑신정변의 주역들 ○ 일본 망명 직후 갑신정변 주역 사진. 왼쪽부터 박영효, 서광범, 서재필, 김옥균.

10월 20일(양력 12월 7일) 날이 밝자 민중은 일본 공사관에 돌을 던지기 시작했고, 12시경에는 공사관에 대한 방화가 시작되었습니다. 다케조에는 더는 공사관 지탱이 어렵다고 판단했습니다. 오후 2시 30분경 김옥균 · 박영효 등은 일본군의 호위를 받으며 인천으로 향했습니다. 성난 민중과 군인들은 돌을 집어 던지고 총과 대포를 쏘았고, 텅 빈 공사관을 소각하고 일본 군영의 병사도 접수했습니다.

정변을 주도한 9명과 일본 공사 일행은 이튿날 10월 21일(양력 12월 8일) 새벽 7시경 인천의 일본 영사관에 도착했습니다. 그리고 10월 23일(양력 12월 10일)에 인천항에 정박해 있던 우편선 천세환을 타고 일본으로 망명을 떠났습니다. 이때 망명한 사람은 김옥균 · 박영효 · 서광범 · 서재필 · 유혁로 · 변수 · 이규완 · 정난교 · 신응희 등 모두 9명이었습니다.

8강 좌절된 근대 갑신정변

정변은 왜 실패했나

갑신정변은 삼일천하로 막을 내렸습니다. 갑신정변은 왜 실패했을까요? 연구자들은 청군의 개입, 민중의 지지 미획득, 외세 의존, 국제 정세 판단 오류 등을 지적하는데요, 주요한 실패 요인을 정리하면 다음과 같습니다.

첫째, 개화당은 일본의 무력에 지나치게 의존했습니다. 청군이 개입했을 때 태도를 돌변한 일본은 철병했고, 개화당 병력만으로는 절대 청군을 막을 수 없다는 한계 때문에 처음부터 일본의 무력에 지나치게 의존했음을 확인할 수 있습니다. 게다가 일본의 배신을 의심하거나 예상하지 않았고, 이에 대한 아무런 대비가 없었던 것도 문제였습니다.

둘째, 청군의 개입과 군사적 공격입니다. 정변 직후 고종은 일본군에 호위를 요청하는 칙서를 보냈지만, 청군 측에는 아무런 요청을 하지 않았습니다. 그런데도 청군은 개입했습니다. 이는 비록 유사시라 할지라도 내정 간섭이며 주권 침탈 행위였습니다. 만일 청군이 개입하지 않았다면, 개화당의 신정부가 그렇게 쉽게 붕괴하지는 않았을 것입니다.

셋째, 개화당은 민중의 지지를 얻지 못했습니다. 개화당은 정적인 수구파를 처단하고 신속하게 신정부를 수립했고, 즉각 정령을 발표했습니다. 정령에는 신분제 폐지를 비롯해 공정한 인재 등용, 조세 제도 개혁, 탐관오리 척결 등 민중에게 호소력이 강한 혁신안들이 담겨 있었습니다. 문제는 이런 내용이 민중에게 잘 전달되지 않았다는 점입니다.

어쩌면 전달될 겨를조차 없었을 가능성이 높습니다. 한밤중에 발

세상을 바꾸는 개혁과 혁명의 유전자

생한 변란에 놀라 거리로 나온 민중이 목격한 것은 개화당과 일본군이 변란을 일으켜 수구파 대신들을 잔인하게 살해한 다음 마치 인질처럼 고종을 붙잡고 있는 장면이었을 겁니다. 여기에 일본에 대한 뿌리 깊은 혐오와 악감정은 일본과 결탁한 것으로 보이는 개화당에 결코 호의적으로 작용할 수 없었습니다.

이 밖에도 여러 가지 이유를 지적할 수 있을 겁니다. 목숨을 건 거사에 비해 준비가 허술했다는 점도 문제였고, 전력의 열세도 문제였으며, 특히 민비에 대한 감시와 통제가 소홀했다는 것도 문제였습니다. 정변의 혼란 속에서 민비의 측근인 경기관찰사 심상훈은 자유롭게 궁궐을 출입하면서 민비와 청군 간 연락을 담당했고, 민비는 끝내 국왕의 처소를 방어가 어려운 창덕궁으로 옮기도록 했으며, 이는 결정적으로 청군의 군사적 개입을 불러들였습니다.

혁명의 유전자는 남아

갑신정변이 성공했다면, 우리 역사는 크게 달라졌을 것입니다. 일본에 의존해 감행한 정변이어서 일제의 조선 침략이 더 빨라졌을 거라는 부정적인 의견도 있지만, 근대적 개혁의 성공으로 부국강병을 이루고 자주독립 국가를 유지했을 것이라는 긍정적인 의견도 있습니다.

갑신정변 실패로 우정총국은 즉시 폐지되었습니다. 이로 말미암아 근대적인 우정 제도의 시행은 1895년 우체사가 설치될 때까지

11년이나 미뤄져야 했습니다. 갑신정변이 성공했다면 최소한 근대적인 우정 제도 시행에 차질은 없었을 겁니다.

그러나 갑신정변은 실패했습니다. "성공하면 혁명 실패하면 쿠데타"라는 말도 있습니다만, 당시에는 '만고에 없었던 변란'으로 취급되었고, 정권을 탈취하기 위해 외세를 끌어들였다는 비판적인 시각도 있지만, 단순한 변란이나 정변으로 볼 수는 없을 겁니다.

당시 조선은 중국에 대한 사대를 완전히 청산하고, 서구열강의 도전과 일본의 도발에 응전하면서 자주독립 국가로 나아가야 했습니다. 동시에 전근대사회가 안고 있던 내부적 모순을 해결하기 위해 근대적인 정치·사회제도를 도입하고 상공업의 발전을 통해 부국강병을 실현해야 했습니다.

이러한 시대적 과제 앞에서 급진적인 개혁을 추구했던 개화당은 정변이라는 마지막 수단을 선택했습니다. 준비 부족과 외세 의존에 대한 비판은 가능하겠지만, 독립과 개화를 기치로 신분제 폐지·공정한 인재 등용·국민 평등·입헌군주제 등을 표방한 것은 우리 역사상 혁명적인 의미를 갖는 사건이었습니다.

혁명은 '이전의 관습이나 제도, 방식 따위를 단번에 깨뜨리고 질적으로 새로운 것을 급격하게 세우는 일'입니다. 개화당의 14개조 정령을 꼼꼼히 들여다보면 개화당이 표방한 개화는 혁명과 크게 다르지 않다는 생각이 듭니다. 갑신정변은 비록 삼일천하로 막을 내렸지만, 세상의 변화를 꿈꾼 개화당의 혁명 유전자는 21세기를 사는 오늘의 대한민국 사회에 끊임없는 변화와 혁신을 요하고 있습니다.

세상을 바꾸는 개혁과 혁명의 유전자

9강

최초의 광장 만민공동회

광장 민주주의의 유전자

1898년 10월 29일 관료와 시민이 모인 관민공동회에서 한 남자가 연단에 올랐습니다. "이놈은 대한에서 가장 천한 사람이고 무식하지만, 나라를 이롭게 하고 백성을 편리하게 하는 방도는 관리와 백성이 마음을 합한 뒤에야 가능하다고 생각합니다. 저 천막에 비유하건대, 한 개의 장대로 받치자면 힘이 부족하지만, 많은 장대로 힘을 합친다면 그 힘은 매우 튼튼합니다." 백정 박성춘의 열변에 모두 환호했습니다. 신분과 관계없이 시민이 함께 나랏일을 고민하는 세상, 광장 민주주의의 문을 연 상징적인 장면이었습니다.

만민, 광장에 서다

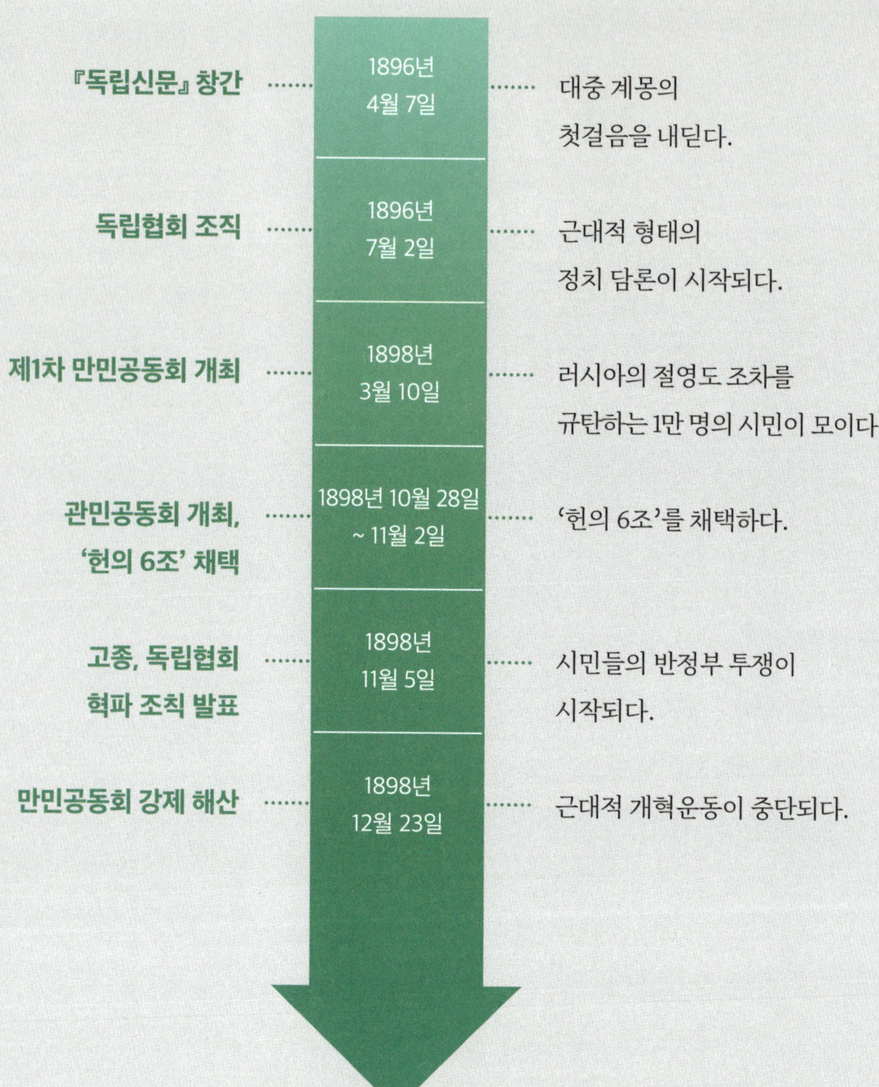

『독립신문』 창간
1896년 4월 7일
대중 계몽의 첫걸음을 내딛다.

독립협회 조직
1896년 7월 2일
근대적 형태의 정치 담론이 시작되다.

제1차 만민공동회 개최
1898년 3월 10일
러시아의 절영도 조차를 규탄하는 1만 명의 시민이 모이다.

관민공동회 개최, '헌의 6조' 채택
1898년 10월 28일 ~ 11월 2일
'헌의 6조'를 채택하다.

고종, 독립협회 혁파 조칙 발표
1898년 11월 5일
시민들의 반정부 투쟁이 시작되다.

만민공동회 강제 해산
1898년 12월 23일
근대적 개혁운동이 중단되다.

광장에 모이다

대한민국은 선거를 통해 국민의 대표를 뽑아 간접적으로 정치에 참여하는 대의제 민주주의를 채택하고 있습니다. 국민이 직접 정치에 참여하는 직접 민주주의가 가장 이상적인 제도일 수 있습니다만, 현실적으로 오천만 국민이 모두 국회 안에 모이거나 청와대에 모이기 어렵습니다.

물론 헌법 개정과 같은 중대사는 국민 투표를 통해 결정하니까, 직접 민주주의를 채택한 것이라 볼 수 있습니다. 그리고 지방자치단체장이나 지방의회 의원을 임기 중 해임할 수 있는 주민소환제도 직접

광장 민주주의의 유전자

민주주의의 한 형태입니다. 두 가지를 빼면 대한민국의 국가 운영은 국민으로부터 권력을 위임받은 대통령, 지방자치단체장, 국회의원, 지방의원 등이 주권자인 국민을 대리한다고 볼 수 있습니다.

국가에 중대사가 있을 때면 많은 사람이 광장에 모입니다. 광장은 거리에 있는 넓은 빈터입니다. 그래서 사람들이 모이기 쉬운 곳이지요. 광주에 5.18민주광장이 있고, 부산에 송상현광장이 있습니다. 그런데 대한민국에서 '광장' 하면 제일 먼저 떠오르는 것은 광화문광장이거나 서울시청 앞 광장인 것 같습니다.

누군가는 목이 터져라 '대한민국'을 외쳤던 2002년 월드컵 4강 신화의 감격과 환희를 기억할 겁니다. 누군가는 직선제 쟁취를 위해 거리를 달리며 '호헌 철폐 독재 타도'를 외쳤던 1987년 6월 민주화항쟁의 가슴 벅찬 순간들을 떠올릴 겁니다. 광장에 모인 사람들은 목이 터져라 응원도 했고, 정치적 견해를 밝혔을 뿐만 아니라 민주주의를 위해 투쟁했습니다.

지금으로부터 120여 년 전에도 이런 일이 있었습니다. 한 세기가 저물어가는 1898년 3월 10일 서울 종로, 무명과 은을 판매하던 상점인 백목전 앞에는 1만 명이 넘는 사람들이 구름처럼 몰려들었습니다. 당시 한양 인구가 20만 명 전후였으니까, 현재 서울 인구를 1000만으로 보면 대략 50만 명이 한자리에 모인 셈입니다. 그러니까 단순히 만 명이 아니라 만민이었다고 해도 과언은 아닐 것입니다. 그런데 왜 그렇게 많은 사람이 모였을까요? 도대체 무슨 일이 있었던 걸까요?

9강 최초의 광장 만민공동회

서재필의 '독립' 캠페인

갑신정변 실패 후 서재필은 일본을 거쳐 미국으로 망명했습니다. 미국에서 서구의 계몽사상과 민주주의 사상을 접했고, 의대를 졸업하고 의사가 되었습니다. 10년이 지난 1894년 조선은 갑오개혁을 단행했고, 갑신정변 가담자들을 사면했습니다. 서재필은 귀국을 결심했습니다. 1895년 12월, 11년 만에 조국 땅을 밟은 그는 1896년 1월에 중추원 고문으로 임명되었습니다. 하지만 서재필은 정치 참여보다는 대중 계몽에 뜻을 두었습니다.

어떻게 하면 동포들을 계몽할 수 있을까? 어떻게 하면 근대화를 이룰 수 있을까? 서재필은 『독립신문』 창간, 독립문 건립, 독립협회 조직 등 일련의 '독립' 캠페인을 벌였습니다. 가장 먼저 결실을 본 것은 바로 『독립신문』 창간이었습니다. 1896년 4월 7일 창간호가 나왔는데요, 창간사에서 서재필은 다음과 같이 말했습니다.

> **갑오개혁**
> 1894년(고종 31년) 7월부터 1896년 2월까지 추진된 개혁운동으로 갑오경장이라고도 부른다. 정치·경제·사회 전반에 걸쳐 진행된 넓은 범위의 개혁이며, 3차로 나뉘어 추진되었다.

- 우리는 상하귀천을 달리 대접하지 않고 조선 전국 인민을 위해 무슨 일이든 대신 말해 주려고 한다.
- 정부 관원이라도 잘못하는 이가 있으면 우리가 말할 것이다.
- 외국 사정도 조선 인민을 위하여 간간이 기록할 것이다.
- 우리가 국문으로만 쓰는 것은 상하귀천이 다 보게 하려는 것이다.

광장 민주주의의 유전자

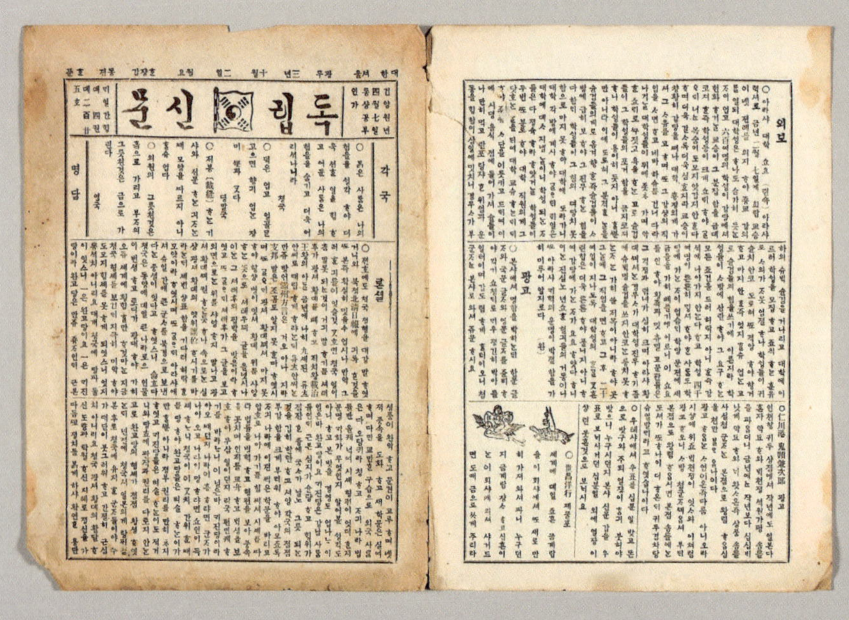

『독립신문』

『독립신문』은 한글만 알아도 읽을 수 있어서 민중들 사이에 빠르게 보급되었습니다. 『독립신문』은 혼자서 읽는 신문이 아니었습니다. 여러 사람이 모여서 함께 신문을 읽었고, 한 사람이 읽은 다음 다른 사람에게 넘겨주는 식으로 한 부의 신문을 많은 사람들이 돌아가면서 읽었습니다. 창간호는 2000부를 발행했는데요. 찾는 사람이 많아 3000부로 발행 부수를 늘려야 할 정도였습니다.

『독립신문』이 자리를 잡자 서재필은 다음 프로젝트를 추진합니다. 바로 독립문 건립이었습니다. 중국 사신을 맞이하던 영은문 자리에 독립문을 세우자! 그래서 조선이 청나라로부터 완전히 독립했다는 것을 만천하에 알리자! 조선이 자주독립국임을 만방에 선언하자! 서재필의 제안에 많은 사람들이 호응했고, 독립문 건립을 위한 모금 운동이 시작되었습니다. 고종도 내탕금에서 거액을 지원했습니다.

1896년 11월 21일 독립문 정초식이 거행되었고, 1년간의 공사 끝에 1897년 11월 20일 완공되었습니다. 뒷장의 왼쪽 사진이 중국에 대한 사대의 상징이었던 영은문입니다. 영은문 주초는 1963년 사적으로 지정하여 보호하고 있습니다. 사대의 역사와 자주독립을 선언한 역사 모두 기억하자는 것이겠지요.

서재필이 벌인 '독립' 캠페인의 정점은 독립협회였습니다. 독립협회는 독립문 건립 자금을 모으기 위해 1896년 7월 2일 조직되었는데요, 건양협회와 정동구락부의 고위 관리들이 주축이 되었습니다. 집행부는 안경수 회장, 이완용 위원장, 김가진, 이상재 등 8명의 위원, 송헌빈, 남궁억, 오세창 등 10명의 간사원으로 구성되었습니다.

광장 민주주의의 유전자

영은문 주초

독립문

　독립협회는 한동안 '모여서 한담을 나누고 담배나 피우는' 사교 모임에 가까운 활동을 했습니다. 하지만 1897년 7월, 유럽 순방을 마치고 돌아온 윤치호가 가입하면서 계몽 단체로 변모하기 시작했습니다. 윤치호는 협회의 분위기를 쇄신하면서 정기적인 토론회를 열 것을 제안했고, 이에 따라 독립협회 토론회가 조직되어 일요일마다 모화관을 개수한 독립관에서 토론회를 열었습니다.

　서재필은 이미 1896년 11월부터 배재학당 학생들에게 토론 모임을 조직하도록 했습니다. 양홍묵·이승만·주시경·신흥우 등 학생 13명이 협성회를 결성했습니다. 당시 토론 문화에 익숙하지 않은 학생들에게 서재필은 연설하는 법, 토론하는 법, 회의하는 법 등을 가르쳤습니다.

그리고 동의·재청·개의 등과 같은 회의 용어와 잘한다는 뜻의 '박수'도 소개했습니다. 이처럼 토론회라는 근대적 형태의 정치 담론을 시작한 것은 당시로서는 처음이자 획기적인 시도였습니다. 신흥우에 따르면, '민주주의'라는 말을 처음 소개한 것도 서재필이었습니다.

토론회 논제는 국한문 혼용, 양복 착용, 여성 교육, 조혼 반대 등의 개화사상부터 의회원 규칙, 자유민권론, 자주독립론 등 다양한 주제로 확장되었습니다. 서재필은 토론회를 통해 서구 사상과 제도만 가르친 것이 아니고, 민주적 의사결정 방식과 운영 방식 등을 체험하고 습득할 수 있도록 했습니다.

한편, 독립협회의 공개토론회는 1897년 8월 29일부터 1898년 12월 해산될 때까지 34번 열렸습니다. 토론자에게는 신분에 관계없이 동등한 발언권을 보장해 주었고, 어느 정도 합의가 이루어진 주제도 쟁점을 분명히 드러내기 위해 찬반 토론으로 진행했습니다.

첫 토론회 참가자는 76명이었고, 두 번째는 방청인만 200여 명이었는데요. 곧 500여 명으로 늘었습니다. 대단한 성공이었습니다. 시민들의 호응과 자발적 참여의 열기는 뜨거웠습니다. 이는 독립협회 토론회가 그들만의 리그가 아니라, 시민 모두가 자유롭게 의견을 교환하면서 공동선을 추구하는 시민의 공론장으로 자리 잡았다는 것을 의미합니다.

1897년 8월 29일 토론회 시작을 계기로 독립협회 회원들은 거듭났습니다. 봉건적 질서 하에서는 민은 관을 따르고, 하는 상에 복종하고, 천은 귀에 순종해야 했습니다. 그런데 토론에 참여하면서 누구나

광장 민주주의의 유전자

신분에 상관없이 동등하고 자유롭게 의견을 말할 수 있게 되었고, 외국인은 물론 한국 관리들도 주저 없이 비판할 수 있게 되었습니다.

갑오개혁으로 제도상 신분제는 폐지되었지만, 하루아침에 인습이 달라지지는 않았습니다. 그런데 토론회를 거듭하면서 독립협회 안에서는 특권적 신분 의식과 상하 지배 관계가 옅어졌습니다. 회원들 사이에 실질적인 평등 관계가 형성되었고, 자유의사의 표출, 집단의식의 확산, 공동의 연대감 강화 등을 바탕으로 독립협회는 점차 정치사회단체로 변모해 나갔습니다.

만민, 광장에 모이다

고종의 아관파천 이후 러시아는 조선에서의 영향력을 강화했습니다. 광산 채굴권과 삼림벌채권을 가져갔을 뿐만 아니라, 시위대 훈련을 위한 군사 교관의 파견, 재정 고문과 기기창 고문의 파견, 한러은행의 설립과 대한제국 재정자금의 관리 등의 권리를 침탈했고, 석탄고기지를 만든다면서 지금의 영도인 부산 절영도의 조차를 요구했습니다.

1898년 1월, 러시아 군함 시우치호가 부산항에 입항한 뒤, 수병들이 절영도를 무단 점거하고 석탄고 예정 기지라는 경계를 세웠습니다. 명백한 영토 침략 행위였습니다. 그

절영도 조차
1897년 러시아가 부산 절영도에 해군 보급기지 설치를 명목으로 조차를 요구한 사건. 독립협회와 만민공동회의 반대로 1898년 철회되었다.

9강 최초의 광장 만민공동회

러시아 공사관

런데 외부대신 임시서리로 취임한 친러파 민종묵은 항의는커녕 러시아가 절영도를 조차할 수 있도록 석탄고기지 설치를 허가했습니다.

당시 무능한 정부를 비판하며 대응에 나선 것은 독립협회였습니다. 1898년 3월 10일, 서울 종로의 백목전 앞에서 우리나라 최초의 근대적 민중 대회 혹은 정치 집회로 평가되는 제1차 만민공동회가 열렸습니다. 1만 명이 넘는 시민이 모인 가운데, 이승만 등 배재학당과 경성학당의 학생들이 러시아의 절영도 조차 요구를 격렬하게 규탄하면서 러시아 군사교관과 재정고문 철수 결의안을 채택했습니다.

고종은 만민공동회에서 드러난 민심을 외면할 수 없었습니다. 러시아 공사에게 군사교관과 재정고문을 임용할 수 없다는 내용의 문서

광장 민주주의의 유전자

를 보냈고, 러시아 공사 측도 한국민의 여론을 받아들여 군사교관과 재정고문을 철수하고 절영도 조차를 철회했으며, 한러은행도 폐쇄했습니다. 정부가 외세에 끌려다니며 이권을 빼앗기고 있던 상황에서 민중이 나서서 나라의 이권과 주권을 지킨 쾌거였습니다.

제1차 만민공동회에서 민중의 힘은 확인되었고, 1898년 4월 이후 거의 날마다 열린 만민공동회는 시민의 자발적 참여로 개최되었습니다. 윤치호 등 독립협회 회원들이 불참한 상태에서도 집회가 이루어졌고, 다루는 안건마다 그를 담당하는 총대위원이나 대표위원을 뽑아 회의 결의 사항을 집행하는 직접 대표제와 같은 민주적 운영 방식으로 진행되었습니다. 만민공동회는 점차 독립협회의 영향력을 배제하며 독자적인 시민단체로 변화해 갔습니다.

고종

1898년 4월 30일 숭례문 앞 만민공동회에서는 서재필 추방 공작을 규탄했고, 종로에서는 6월 20일 무관학교 학생 선발 부정을 비판했습니다. 7월 1일과 2일에는 독일 등 외국의 이권 침탈을 반대했고, 7월 16일에는 의병에 피살된 일본인의 배상금 요구와 경부 철도 부설권 침탈을 반대하고 성토했습니다. 회를 거듭하면서 만민공동회는 민중이 주체가 되는 광장 민주주의의 중심으로 성장해 나갔습니다.

민중의 정치 참여에 위기를 느낀 고종과 수구파는 의정부 관제를 개정하고 황제의 군대 통솔권을 명문화하는 등 황제권 강화에 박차를 가했습니다. 이에 대해 독립협회는 7월 초 고종에게 상소를 올려 인재의 공평한 등용, 민의의 광범위한 수렴 등을 요구하는 동시에 무능하고 부패한 정부 대신들의 교체를 주장했습니다.

고종과 수구파는 독립협회를 탄압, 해산시키는 강경책을 추진하기도 하였지만, 결국 독립협회의 주장을 일부 수용하지 않을 수 없었습니다. 1898년 10월, 고종은 독립협회가 신임하는 박정양을 정부 수반으로 삼고, 군부대신에는 민영환을 임명하여, 개혁파정부를 출범시켰고, 새 정부는 독립협회와 함께 내정 개혁과 의회 설립을 추진했습니다.

우리나라 최초의 관민공동회

1898년 10월 28일부터 11월 2일까지, 6일간 정부 관료들과 시민들이 함께 참여한 '관민공동회'는 그동안 자주독립과 자유 민권을 위해 투쟁했던 독립협회와 만민공동회 운동이 정점에 이르는 계기였습니다. 독립협회는 중추원관제 개정안을 관철시키기 위해 10월 28일 종로에서 대규모 집회를 열었습니다. 수천 명이 인산인해를 이룬 가운데, 회장 윤치호는 황제권을 인정하면서 정부와 협력해 내정 개혁을

광장 민주주의의 유전자

추진한다는 원칙을 천명했습니다.

10월 29일 정부 관료와 각종 단체를 비롯해 학생, 시민이 합석한 가운데 사상 초유의 관민공동회가 열렸습니다. 정부 대표인 박정양의 인사말에 이어 연단에 등장한 사람은 백정 박성춘이었습니다.

"이놈은 대한에서 가장 천한 사람이고 무식하지만 이제 나라를 이롭게 하고 백성을 편리하게 하는 방도는 관리와 백성이 마음을 합한 뒤에야 가능하다고 생각합니다. 저 천막에 비유하건대, 한 개의 장대로 받치자면 힘이 부족하지만, 만일 많은 장대로 힘을 합친다면 그 힘은 매우 튼튼합니다. 바라건대 관민이 합심하여 우리 대황제의 성덕에 보답하고 국조로 하여금 만만세를 누리게 합시다."

박성춘이 열변을 토하자 참석자들은 감격에 겨워 박수갈채를 보냈습니다. 조선시대 백정은 천민이었습니다. 광대, 기생, 고리장, 무당, 갓바치, 포졸 등과 함께 칠천역七賤役 가운데 하나로 그중에서 가장 천대받고 차별당하는 신분이었습니다.

백정으로 태어나면 양민을 포함한 모든 사회 구성원에게 극도의 예의와 복종심을 보여야 했습니다. 이름을 지을 때도 인仁, 의義, 효孝, 충忠과 같은 고상한 글자를 사용할 수 없었고, 만萬石, 억석億石, 무검武劍, 소개小介 등과 같은 노비의 이름이나, 상서롭지 않은 글자를 사용해야 했습니다.

일반인처럼 상투도 틀지 못했고, 봉두난발 위에 패랭이 모자를 써

9강 최초의 광장 만민공동회

야 했습니다. 두루마기를 입는 것과 갓을 쓰는 것은 애당초 금지되었습니다. 백정들은 주거지도 제한받았고, 호적도 할 수 없었으며, 서당과 학교에서 교육받을 수도 없었습니다. 일반인과 결혼하는 것이 금지되어 백정들끼리 결혼해야 했고, 공공 집회 장소에는 허가 없이 출입할 수 없었습니다.

그런데 세상이 바뀌었습니다. 백정 박성춘은 신분에 구애받지 않고 자유로운 분위기에서 자신의 정치적 견해를 밝혔습니다. 사람들이 그에게 보낸 박수갈채는 그의 발언이 민의의 하나로 존중받았다는 것을 의미합니다. 박성춘이 연설을 하면서 '대황제의 훌륭한 덕에 보답하자'고 한 것은 충군이라는 전통적 관념을 드러낸 것이지만, 그럼에도 만민공동회에 참여한 시민들은 새로운 세상을 지향하고 있었습니다.

시민들이 바랐던 것은 무엇이었을까요? 이날 집회에서 사람들은 황제에게 바치는 '헌의 6조'를 채택했는데요. 박정양, 민영환, 한규설을 비롯한 정부 대신들도 헌의 6조에 찬성했습니다. 한규설은 "오늘 관민이 협의하는 것은 나라를 세운 지 500년 이래 처음 있는 일"이라며 역사적 의미를 부여했습니다. 그럼, 어떤 내용이 담겼는지 살펴보겠습니다.

1. 외국인에게 의지하지 않고 관민이 한마음으로 협력하여 전제 황권을 견고케 할 것.

2. 광산, 철도, 석탄, 삼림 및 차관, 차병(借兵)과 정부와 외국인이 조약을 맺는 일은, 만약 각부(各部)의 대신과 중추원 의장이 같이 서명하고 날

인하지 않으면 시행하지 말 것.

3. 전국의 재정은 어떤 세금이든지 모두 탁지부에서 관리하되, 다른 부(府) 와 부(部) 및 사적인 회사에서는 간섭하지 않도록 하고 예산과 결산을 인민에게 공포할 것.

4. 지금부터 중대한 범죄에 대해서는 따로 공판을 시행하되 피고가 자세히 설명하여 마침내 죄를 자복한 뒤에 형을 시행할 것.

5. 칙임관은 황제 폐하께서 의정부에 자문을 구하여 과반수가 넘으면 임명할 것.

6. 장정(章程)을 실천할 것.

_『대한계년사』 제3권

헌의 6조는 국정의 난맥상을 안고 있던 문제를 해결하기 위한 것이었습니다. 우선 제1조에서는 '전제 황권을 견고케 할 것'이라 하여 고종의 황제권을 인정하고 있습니다. 그런데 이 문구는 국왕 중심의 권력 구조와 근왕 의식을 부정할 수 없었던 현실을 반영할 뿐, 실제 내용은 황제권을 제한하는 것에 가까웠습니다.

제1조와 제2조는 외세의 이권 침탈에 강력하게 대응해야 한다는 내용을 담고 있습니다. 당시 고종은 러시아와의 밀접한 관계 속에서 권력을 강화해 나가고 있었는데요, 제2조에서 중추원 의장이 조약에 대한 비준을 하도록 규정한 것은 황제권의 전제적인 성격을 부정하는 것이었습니다.

제3조는 황실의 재산을 관리하던 내장원이 탁지부와 분리되어 사

실상 이원화된 재정을 운영하고 있었던 것을 견제하는 내용으로, 재정에 관한 모든 권한을 탁지부가 행사하도록 했습니다.

제4조와 제5조는 사법권과 인사권에 대한 고종 황제의 자의적 개입을 제한하는 내용을 명문화한 것입니다. 제6조에서 '장정'을 실천하라는 것은 갑오개혁 당시 제정되었던 개혁 정책을 실행하라는 것입니다. 다시 말해 갑오개혁에서 세운 방향성을 유지해야 한다는 뜻으로 그와 반대되는 정책들을 추진하고 있던 고종에게는 달갑지 않은 일이었습니다.

따라서 관민공동회에 모인 시민들의 바람은 외세 배격, 황제권 제한을 통한 민주적 의사결정 구조의 성립, 사회 개혁 등으로 요약할 수 있을 것입니다. 집회가 끝난 후 박정양은 고종에게 관민공동회의 경과를 보고하면서 헌의 6조를 재가해 달라는 상소를 올렸습니다.

헌의 6조를 받아 든 고종은 심기가 몹시 불편했을 겁니다. 그렇지만 관민공동회에서 드러난 민심을 쉽사리 무시할 수도 없었습니다. 결국 고종은 헌의 6조를 재가하고 중추원장정 개정 등 독립협회 요구에 부합하는 조칙 5조를 반포함으로써 관민공동회의 결정을 존중하는 태도를 보였습니다. 이에 고종이 중추원 개편안을 재가한 11월 2일 관민공동회는 해산했습니다.

1898년 10월 12일 박정양 내각 출범 이후 11월 2일 관민공동회 해산까지 정부 내 박정양, 민영환 등과 독립협회의 윤치호, 이상재 등은 고종과 수구파의 반발과 독립협회 내 급진파의 과격한 요구를 견제하면서 중추원을 활용해 한국 역사상 최초로 시도된 의회 설립 운동을

광장 민주주의의 유전자

성공적으로 마무리 지었습니다.

만민, 해체되다

독립협회가 1898년 11월 5일 독립관에서 상원으로 개편된 중추원의 의관을 선출하고 '의회'가 설립된다는 소식에 서울 시민들과 독립협회 회원들은 환호했습니다. 그러나 수구파의 입장은 달랐습니다. 독립협회와 개혁 정부가 연합해서 국정 전반에 걸친 대개혁을 단행하면 자기들은 권력을 잃을 것으로 판단했고, 독립협회의 개혁운동을 파괴하기 위한 음모를 꾸몄습니다.

11월 4일 밤, 수구파인 의정부 찬정 조병식, 군부대신 서리 유기환 등은 독립협회가 박정양을 대통령, 윤치호를 부통령으로 뽑고, 독립협회 간부들을 대신과 협판으로 선출하고 국체를 공화정으로 바꾸려 한다고 모함했습니다. 이에 격분한 고종은 즉각 독립협회 간부들을 체포하라고 명령했습니다.

11월 4일 밤중부터 11월 5일 새벽에 이르기까지 이상재, 정교, 남궁억 등 독립협회 간부들을 체포했고, 11월 5일 고종은 독립협회가 방자하게 조정을 꾸짖고 관민공동회를 열어 민중을 동원하고 고관들을 위협하여 참석시켰으니, 독립협회를 비롯한 각종 협회는 모두 혁파한다는 조칙을 발표했습니다.

고종은 관민공동회에 참여한 박정양, 서정순 등을 즉각 파면하고,

조병식을 중심으로 친러수구파 정부를 구성했습니다. 11월 7일 내각 회의에서 독립협회의 혁파를 재확인하고, 새로운 의회로서의 중추원 관제와 헌의 6조를 무효화했습니다.

11월 5일, 고종의 배신에 분개한 시민들이 광장에 모였습니다. 경무청 앞에서 다시 만민공동회가 열렸고, 구속 인사 석방을 요구하며 반정부 투쟁에 나섰습니다. 시민들은 해산하라는 순경들의 위협에도 굴하지 않았고, 장작불을 피워 밤을 새우며 시위를 계속했습니다. 밤이 깊어질수록 사람들의 숫자는 늘어났고, 종로 상인들도 상점 문을 닫고 투쟁에 동참했습니다.

조병식 내각은 만민공동회를 강제 해산시키려 했지만 실패했습니다. 고종은 한규설을 법부대신에 임명해 구속자 전원을 석방하는 등 만민공동회의 요구에 응했습니다. 하지만 이미 정부 대책에 여러 번 속은 민중들은 해산하기를 거부하고 종로로 장소를 옮겨가며 집회를 확대해 나갔습니다.

그러자 고종은 어용 단체_{정부가 주도하여 조직한 단체}인 황국협회의 보부상들을 동원해 만민공동회를 공격했습니다. 11월 21일 새벽 보부상들의 기습 공격이 시작되었습니다. 17일째 철야를 한 만민공동회 회원들은 무기를 갖고 있지 않았으므로, 물푸레나무 몽둥이로 무장한 보부상들의 갑작스러운 공격에 대항할 도리가 없었습니다.

보부상들의 몽둥이에 난타당한 만민들은 비명을 지르며 쓰러졌고, 부상자가 속출했습니다. 보부상들이 만민공동회를 습격했다는 소식이 퍼지자 격분한 시민들이 모여들었습니다. 성난 시민들은 작은 돌멩이

광장 민주주의의 유전자

들을 주워다가 성처럼 쌓아 놓고 보부상들과의 일전을 준비했습니다.

18일째인 11월 22일에는 더욱 많은 시민이 종로에 모여 수만 명의 만민공동회가 개최되었습니다. 큰 충돌은 마포에서 발생했습니다. 보부상들은 몽둥이를 마구 휘둘렀고 시민들은 맨주먹을 날리며 격렬하게 싸웠습니다. 쌍방 간 치고받는 난투극 속에서 안타깝게도 만민공동회 회원인 구두 수선공 김덕구가 중상을 입고 사망했습니다.

그러나 만민공동회는 보부상의 잔인한 폭력에도 굴하지 않았고, 서울 시민들의 절대다수가 보부상과 정부를 규탄하며 만민공동회를 지원했습니다. 집회 인원은 시간이 갈수록 불어났고, 서울 전역이 성냥불만 그어도 폭발할 것 같은 혁명 전야와 같은 상황이 되자, 고종과 수구파들은 고립무원의 상태가 되었습니다.

결국 고종은 성난 민심을 잠재우기 위해 조병식 등 수구파 대신을 경질하고 민영환, 박정양을 등용하며 독립협회의 활동을 허가하는 등 수습에 나섰습니다. 11월 26일 다시 만민공동회가 개최되자 고종은 독립협회 재설립, 헌의 6조 실시, 조병식 등 '8역' 처벌 등 5개 조항의 만민공동회 건의를 받아들였습니다. 이로써 소기의 성과를 거둔 만민공동회는 해산했습니다.

그러나 고종은 또 약속을 어기고 만민공동회의 기대를 저버리는 조치를 잇달아 취했습니다. 12월 6일 민중들은 또다시 만민공동회를 개최하여 대정부 공세를 강화했습니다. 만민공동회는 헌의 6조의 실시, 보부상 혁파의 즉각 실행 등 국정개혁을 요구하는 상소를 올렸고, 계속해서 2차 상소와 3차 상소를 올리면서 황제가 친히 약속한 국정개혁의 조속한 실행을 촉구했습니다.

　12월 23일, 마침내 고종은 군대와 보부상을 동원해 강제로 만민공동회를 해산시켰습니다. 지도자들을 대대적으로 체포했으며, 25일에는 만민공동회를 불법화한다는 조칙을 내렸습니다. 이로써 만민공동회는 강제 해산되고 독립협회는 해체되었습니다. 박정양, 민영환 등 개혁 성향의 관료들도 정치적 입지가 약화되어 점차 관직에서 배제되었습니다. 애통하게도 시민이 주체가 되어 추진했던 만민공동회의 근대적 개혁운동은 고종과 수구파에 막혀 중단되었습니다.

시민의 등장과 광장 민주주의

　1890년대 말은 조선이 자주독립을 보전하고 근대적 개혁을 추진할 수 있는 마지막 시기였던 것 같습니다. 1876년 개항 이후 조선은 제국주의 열강의 침략과 위정자들의 무능, 부패로 여러 차례 국망의 위기에 처했습니다. 1884년 개화파의 갑신정변은 실패했고, 1894년부터 1896년까지 추진된 갑오개혁도 일본에 지나치게 의존한 비주체적인 개혁이었고, 민중의 동의를 얻지 못해 실패했습니다.

　서구 사회에서 시민은 국왕과 봉건귀족이 독점하고 있던 권력의 분점을 요구하면서 등장했습니다. 그 과정에서 시민혁명이 일어났으며, 그 결과 군주와 의회가 병존하는 입헌군주제나 군주 없는 의회가 권력을 행사하는 공화정이라는 새로운 정치체제가 등장했습니다.

광장 민주주의의 유전자

우리나라에서 근대적 시민의 등장은 19세기 말에야 가능했던 것 같습니다. 계몽의 대상이자 개혁의 주체가 될 '조선인'들을 '시민'으로 이끈 것은 독립협회로 대표되는 개화사상가들이었습니다. 독립협회는 독립신문과 토론회와 연설회를 통해 사람들에게 개화의 필요성을 역설하며 공론의 장을 제공했습니다.

사람들이 모여들었고, 말하기 시작했습니다. 나라를 바로 세우자며 절영도 조차를 요구하는 러시아를 성토하고 무능한 정부를 비판했습니다. 1889년 3월부터 12월까지 서울 시내 곳곳에서 열린 만민공동회는 깨어난 민중이 시민이 되어 모인 광장이자 광장 민주주의의 공론장이었습니다.

나이와 신분, 성별과 관계없이 만민이 동등한 광장이었습니다. 백정 박성춘의 일화는 만민공동회를 이야기할 때 단골처럼 등장합니다. 백정도 당당하게 자기의 생각을 말할 수 있었다는 것, 그 의견이 다른 사람들로부터 존중받을 수 있었다는 점은 광장에 모인 시민들이 스스로 차별 없는 만민 평등의 세상을 만들었다는 것을 의미합니다.

만민공동회에 모인 시민들은 전제군주제를 혁파하고 입헌군주제라는 새로운 정치체제를 구상했습니다. 그러나 광장의 목소리를 외면하고 만민공동회를 해체한 고종은 1899년 '대한국국제'를 반포하여 황제가 입법, 행정, 사법권은 물론 군통수권까지 장악하는 전제군주제로 나아갔습니다.

만민공동회는 실패했지만, 그날 광장에 모인 시민들의 목소리와 투쟁은 역사로 남았습니다. 나라를 바로 세우자며, 관리를 탄핵하라며,

9강 최초의 광장 만민공동회

자주독립국을 지키자며, 부강한 나라를 만들자며 개혁과 정치체제의
변동을 요청하며 등장한 시민들의 외침은 시간과 공간을 관통하며 광
장 민주주의의 유전자를 역사에 심었습니다.

10강

말과 글을 지킨 독립운동 조선어학회

우리 민족의 정체성을 지키는 유전자

1940년 전후로 수많은 민족 지사가 변절했습니다. 일제의 주구가 되어 내선일체와 멸사봉공을 외쳤고, 일본의 침략 전쟁을 예찬했습니다. 또 국방헌금을 내고, 비행기를 헌납하고, 징병제를 찬양하고 학도병 지원을 권유하며 조선의 청년을 전장으로 내몰았습니다. 개인의 안위와 출세를 위해 민족을 배신했습니다. 그러나 한편에서는 우리말과 한글을 연구하고 보급하고 조선어 사전을 편찬하면서 한민족의 정체성을 지키고 독립을 쟁취하기 위해 목숨을 바쳐 투쟁한 분들이 있었습니다.

조선어학회, 말과 글을 지킨 독립운동

경술국치, 나라를 잃다	1910년 8월 29일	일제의 식민 지배 시작.
조선어사전편찬회 조직	1929년 10월 31일	독립의 열망을 안고 사전 만들기 시작.
한글 맞춤법 통일안 발표	1933년 10월 29일	근대적 민족어 규범을 세우다.
조선어학회, 사전 출판 허가 획득	1940년 3월	사전 출간을 눈앞에 두다.
조선어학회 사건 발발	1942년 10월 1일	한글학자들이 체포되고, 사전 출간이 중단되다.
『큰사전』6권 완간	1957년 10월 9일	우리말과 글, 민족의 정체성을 지키다.

조선의 정체성을 지워라

'독립운동'이라고 하면 안중근 의사, 3.1운동, 유관순 열사, 이봉창 의사, 윤봉길 의사, 홍범도 장군, 김좌진 장군 등이 떠오를 겁니다. 대한민국 국민이라면 독립을 향한 그분들의 뜨거운 투쟁의 삶과 희생과 헌신을 잘 기억해야 하겠죠.

오늘은 자칫 지나칠 수 있는 또 하나의 독립운동, 우리 민족의 정체성을 지키기 위해 일제의 동화정책에 맞서 싸운 분들의 이야기를 살펴보려고 합니다. 국어사전에서는 '정체성'을 변하지 아니하는 존재의 본질을 깨닫는 성질, 또는 그 성질을 가진 독립적 존재라고 설명

우리 민족의 정체성을 지키는 유전자

합니다.

1910년 8월 29일 대한제국은 사라지고, 한반도는 일본의 식민지가 되었습니다. 주권과 자유를 잃었습니다. 일제의 식민 통치는 단순히 땅과 사람을 지배하고, 경제적 이익을 강탈하는 수준이 아니었습니다. 일제는 조선을 일본으로 만들려 했고, 조선 민족의 정체성을 깡그리 지워 없애려 했습니다.

여기 국어 교과서가 있습니다. 지금 대한민국에서 사용하는 국어 교과서와는 완전히 다릅니다. 일제강점기 교과서이기 때문입니다. 일제강점기에는 일본어가 국어였습니다. 그래서 국어 교과서는 모든 내용이 일본어로 구성되어 있었습니다.

당시 국어 교과서에 서정적인 시가 한 편 적혀 있습니다. 일본어입니다만, 필요상 보겠습니다.

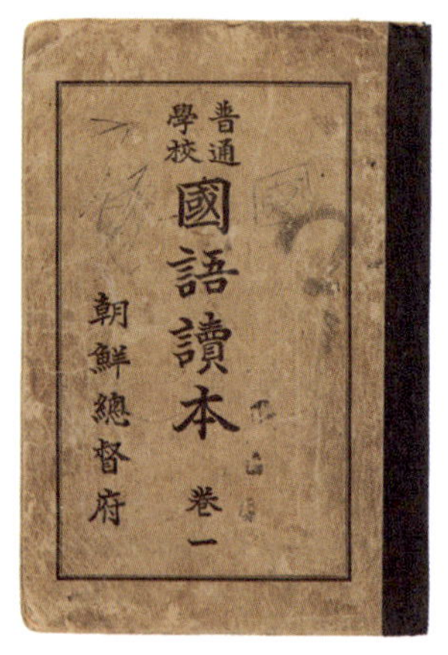

『보통학교 국어독본』 권1 ○ 우리나라에서 쓰는 교과서였지만 일본어로 구성되어 있었다.

だいはち　　ぶどう
第八　葡萄のつる

ぶどう　　　　め
葡萄のつるは目のあるつるか、
わたし　まど　あさ　ばん
私の窓へ朝も晩ものびる。
ぶどう　　　　なに　み
葡萄のつるよ、何を見てのびる。
て
日の照るがらす　ちらちらするか。

이 시를 우리말로 바꾸면 다음과 같습니다.

제8장 포도의 덩굴

포도의 덩굴은 눈이 있는 덩굴인가,

내 창에 아침에도 밤에도 (덩굴을) 뻗는다.

포도의 덩굴이여, 무엇을 보고 뻗는가.

햇살이 비추는 유리창, 반짝반짝 하느냐

우리말로 내용을 소개해 드려도 됩니다만, 굳이 일본어로 소개한 이유가 있습니다. 일제는 조선의 어린이들에게 일본어를 국어로 가르쳤습니다. 일본어만 가르친 것이 아니고, 일본어가 국어라는 현실을 받아들이도록 가르쳤고, 그 일본어에 깃들어 있는 정서와 일본의 역사와 문화를 가르쳤습니다.

이 교과서를 소리 내어 읽으면서 식민 교육을 받고 자란 조선의 어린이는 과연 어떤 모습의 성인이 될까 상상해 봤습니다. 어렵지 않았습니다. 조선어와 조선 민족의 문화를 잊어버리고, 자연스럽게 일본 말을 하고 일본인처럼 생각하고 행동하는 낯선 조선인의 얼굴이 떠올랐습니다. 만일 일제가 획책한 동화정책이 그들의 의도대로 실현되었다면 그렇게 되었을 겁니다.

1910년 8월 29일 일본은 대한제국을 강제로 병합했습니다. 식민지 조선에 대한 동화정책을 수립했고, 실행에 들어갔습니다. 무엇보다도 중요한 것은 조선인에 대한 동화교육이었습니다. 1911년 8월 23일, 조선총독부는 조선교육령을 제정해 공포했는데요, 주요한 내용은 다음과 같습니다.

우리 민족의 정체성을 지키는 유전자

총령

2조: 충량한 국민을 양성함을 본의로 한다.

5조: 국민될 만한 성격을 함양하여 국어를 보급함을 목적으로 한다.

식민 교육의 목표는 천황에게 충성스럽고 착한 국민을 양성하는 것이었고, 이를 위해서는 국어, 즉 일본어를 보급하는 것이 시급하고도 중차대한 과제라는 것을 분명히 밝혔습니다. 그리고 이와 같은 일제의 생각은 학교 교육에 그대로 반영되었습니다. 표에서 당시 보통학교 교과과정과 교수 시간을 확인할 수 있습니다.

	1학년	2학년	3학년	4학년
국어	10	10	10	10
조선어 및 한문	6	6	5	5

보통학교 교과과정, 교수시간(조선교육령, 1911)

보다시피 국어인 일본어는 10시간인데 반해 한문과 함께 묶인 조선어는 1·2학년 6시간, 3·4학년 5시간에 불과했습니다. 거기에다 한문 학습은 한자를 많이 쓰는 일본어와 연계되어 있었기 때문에 조선어는 가르치는 시늉만 했다고 볼 수 있습니다.

조선어는 필수과목 중 하나였지만, 입시에서 배제되었고, 면서기라도 하려면 일본어가 필수였습니다. 상급 학교 진학이나 취직에 전혀 필요하지 않은 조선어에 대한 관심과 학습 열기는 기대할 수 없었습니다.

1932년 1월 8일 사쿠라다문 앞에는 관병식을 마치고 궁성으로 돌아가는 일왕을 보려고 몰려든 사람들로 어수선한 풍경을 연출하고 있었습니다. 기다리던 일왕의 모습이 드러나자 군중은 술렁거렸습니다. 그 순간 굉음이 울려 퍼졌습니다. 갑작스러운 폭발 소리에 말이 날뛰었고, 사람들은 비명을 질렀습니다.

오전 11시 44분경이었습니다. 일왕을 폭살하기 위해 적국의 심장에 침투한 이봉창 의사가 던진 폭탄이 터진 것이었습니다. 안타깝게도 폭탄은 일왕을 타격하지 못했습니다. 그러나 이봉창 의거는 일본뿐만

우리 민족의 정체성을 지키는 유전자

일제강점기 수업 시간의 모습

아니라 전 세계를 놀라게 했고, 조선의 독립 의지를 만천하에 알렸습니다.

이봉창 의사는 1901년생입니다. 용산에 있는 문창보통학교를 졸업하는 것을 끝으로 일본인이 운영하는 가게에서 일을 했습니다. 그래서인지 일본어를 아주 능숙하게 잘했다고 합니다. 훗날 이봉창 의사가 일본에서 사귄 일본인 애인조차 이봉창 의사가 조선인이라는 것을 전혀 몰랐다고 합니다.

검거 후 심문을 당할 때 이봉창 의사가 한 말이 인상적입니다. 3.1운동 때 아무 생각 없었고, 오히려 자신을 '신일본인'이라 생각했다는 겁니다. 천황이 탄 마차에 폭탄을 던지게 되는 극적인 계기가 되는 사건

10강 조선어학회

이봉창 의사

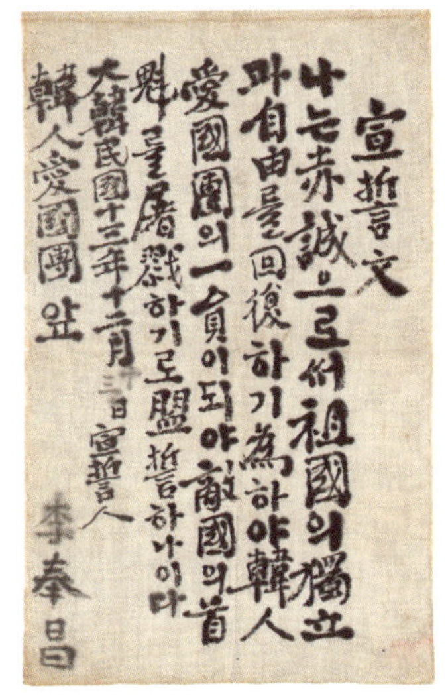

이봉창 의사 선서문 ○ 조선의 독립을 위해 적국의 수괴를 처단하겠다는 맹세를 담고 있다.

을 겪기 전까지 이봉창 의사는 '신일본인'으로 살았습니다. 바로 그런 인간을 만들고자 한 것이 일제의 식민 교육이었습니다.

이봉창 의사 말고도 이름을 알 수 없는 수많은 조선인이 식민 교육을 받으며 성장했습니다. 그들 가슴 한구석 어딘가에 조선인이라는 민족의식이 있었을지도 모르지만, 일본어와 일본의 역사를 가르치는 식민 교육은 '신일본인'들을 양성했던 겁니다.

조선총독부는 황국신민을 양성하고 식민 지배의 효율성을 높이기 위해 때때로 조선교육령을 개정했습니다. 1938년에는 소학교에서 조선어를 수의 과목으로 지정했고, 1941년에는 국민학교에서 조선어 과

우리 민족의 정체성을 지키는 유전자

목을 폐지했으며, 1943년에 이르러서는 모든 학교에서 폐지했습니다.

알퐁스 도데의 소설 『마지막 수업』을 기억하시죠? 독일의 명령으로 독일어로 수업을 해야 해 마지막 프랑스어 수업을 앞둔 아멜 선생님의 목멘 음성, 바로 그 마지막 수업이 조선 학교에서도 행해졌던 겁니다.

1943년에는 '조선어 말살'이라는 노골적인 표현이 신문에 등장할 정도로 총독부의 조선어에 대한 억압은 극에 달했습니다. 학교에서 가르치지 않는 조선어, 조선 전 사회에서 금지된 조선어는 죽어가는 언어였습니다.

『마지막 수업』의 아멜 선생님은 학생들에게 프랑스어는 이 세상에서 가장 아름답고, 명료하며, 논리적인 언어이기에 반드시 마음속에 지키고 보존해야 한다고 말합니다. 한 민족이 노예의 사슬에 묶인다 할지라도, 자신의 언어를 굳건히 지키는 한, 그것은 감옥의 열쇠를 쥐고 있는 것과 다름 없다고요.

노예 상태에 있더라도 자신의 언어를 지키면 다시 나라를 되찾을 수 있다는 가르침이었습니다. 우리말이 말살 위기에 놓였던 일제강점기, 우리에게도 아멜 선생님과 같은 생각을 갖고 우리말과 한글을 지키기 위해 싸운 한글학자들이 있었습니다.

사전 편찬이 독립의 길

1909년 6월 국어학자 주시경은 스러져가는 나라의 앞날을 걱정하며 이렇게 말했습니다. "말이 오르면 나라도 오르고, 말이 내리면 나라도 내린다." 주시경은 언어와 국가를 운명공동체로 인식했습니다. 망해가는 나라의 운명을 목도했지만 말을 지키면 다시 나라를 찾을 수 있다고 생각했습니다.

1876년 11월 7일 주시경은 서세동점_{밀려드는 외세와 열강}과 일본의 조선 도발이 본격화한 격변의 시대에 태어났습니다. 어린 시절 주시경은 서당에서 한학을 공부했는데, 날마다 한문을 읽고 해독하고 외우는 반복 학습에 의문을 품게 되었습니다. 주시경은 빠르게 지식을 습득하기 위해서는 우리 글자로 공부해야 한다고 생각했고, 배재학당에 들어가 세계지리, 정치제도, 영어, 수학 등 신학문을 배우면서 국문 연구에 뛰어들었습니다.

1896년 창간된 최초의 국문 신문 『독립신문』에 주시경은 약관 20세에 회계 겸 교보원으로 참여했습니다. 1897년 4월과 9월에는 독립신문에 논설 「국문론」을 발표해 획기적인 제안을 했습니다. 첫째, 한자를 폐지하고 국문을 전용해야

주시경

우리 민족의 정체성을 지키는 유전자

한다. 둘째, 옥편을 만들고 문법을 정리하고 철자법을 통일해야 한다. 셋째, 국문을 왼쪽에서 오른쪽으로 횡서해야 한다.

주시경의 제안은 조선어문의 근대화를 위한 국어 연구와 실용의 길을 제시한 것이었습니다. 나아가 독립국을 유지하고 사회적 소통과 자주적 문화 창조를 위해 '자기 나라의 언어와 문자를 존중해야 한다'라고 주장하며 언어와 민족이 운명공동체임을 역설했습니다.

주시경은 1908년 국어연구학회를 설립했고, 우리말의 근대적 연구를 통해 국문법의 토대를 닦았습니다. 그리고 자신의 학설을 후학에게 전하기 위해 상동청년학원, 국어강습원 등에서 강의했습니다. 1910년 8월, 나라가 망하자 백척간두에 몰린 민족의 운명을 감지하고 제자 김두봉, 권덕규, 이규영 등과 함께 '말모이' 편찬을 시작했습니다.

일제강점기에 국어는 일본어였습니다. 조선어와 언문은 국어와 국문의 지위를 상실했습니다. 우리말과 글을 국어 국문이라고 부를 수 없었던 암울한 시대에 주시경은 우리 글자에 새 이름 '한글'을 붙였습니다. 한글은 한나라의 글이고 하나이고 크고 바르다는 의미를 갖고 있습니다.

말모이 편찬에 박차를 가하던 주시경은 1914년 7월 38세의 젊은 나이로 갑작스럽게 세상을 떠났습니다. 제자 김윤경은 사인을 체증으로 기록했습니다. 주시경이 독립운동을 위해 중국으로 망명을 준비하고 있었다고도 하고, 일본이 뭔가 수상한 짓을 했다는 이야기도 있습니다만, 진실은 밝혀지지 않았습니다.

주시경이 세상을 떠나고도 제자들이 말모이 작업을 계속 이어갔지만, 순조롭지 않았습니다. 1915년 최남선은 광문회에 계명구락부를 결성하여 조선어사전 편찬 사업을 재개했지만, 안타깝게도 결실을 보지 못했습니다. 1919년 3.1운동에 참여했다가 일경에 쫓긴 김두봉은 상하이로 망명했습니다.

그러나 말모이 편찬은 포기할 수 없는 민족적 대사업이었습니다. 1929년 10월 31일 한글날, 주시경의 제자들이 중심이 되어 활동하던 조선어연구회가 사회 각계 인사 108인을 규합해 조선어사전편찬회를 조직했습니다.

그런데 조선어연구회는 대체 무슨 생각으로 사전 만드는 일을 시작한 걸까요? 다음은 훗날 '가고파'의 시인으로 유명해진 노산 이은상이 쓴 조선어사전편찬회 취지서 중 한 대목입니다.

오늘날 세계적으로 낙오된 조선 민족의 갱생할 첩경은 문화의 향상과 보급을 급무로 하지 않을 수 없는 것이요, 문화를 촉성하는 방편으로는 문화의 기초가 되는 언어의 정리와 통일을 급속히 꾀하지 않을 수 없는 것이다. 그를 실천할 최선의 방책은 사전을 편성함에 있는 것이다.

낙오된 조선 민족은 일제의 식민지 백성이 된 조선인들을 뜻하고, 갱생할 첩경은 다시 살아나는 것이니, 이는 곧 독립을 뜻합니다. 표현만 다르게 했을 뿐 3.1운동 때 나온 독립 선언과 전혀 다를 바 없습니다. 이들은 독립의 지름길이 문화의 기초가 되는 언어를 정리하고 통일하는 것이라 선언하면서 그 최선의 방법이 사전을 만드는 것이라 말

우리 민족의 정체성을 지키는 유전자

했습니다. 언어와 겨레의 운명을 하나로 보았고, 사전을 만듦으로써 민족어를 보존하고 문화의 기초를 세워 독립을 이루고자 했던 것입니다.

사전 편찬에는 권덕규, 최현배, 장지영, 이상춘, 이병기, 김법린, 정열모, 이중건, 신명균, 이윤재, 이극로 등 조선어연구회 한글학자들뿐만 아니라, 박승빈, 유억겸, 최두선, 안재홍, 주요한, 이시목, 정인보, 방정환, 이광수, 로기정 등 108인의 조선 사회 지도층 인사와 교육과 문화계 전문가들도 참여해 힘을 모았습니다.

영화 '말모이'에 사전편찬실의 모습이 나옵니다. 1층은 편찬원들이 일하는 제법 널찍한 공간이 있고, 지하는 마치 사전 원고를 숨겨두는 비밀 창고처럼 보입니다. 하지만 실제 사전편찬실은 영화처럼 그렇게 여유 있는 공간은 아니었습니다.

사전 편찬원들은 긴 탁자 주위에 다닥다닥 붙어 앉아 일했습니다. 편찬실 입구에는 '일 없는 사람은 들어오지 마시고 이야기는 간단히 하시오'라는 문구가 붙어 있었고, 불철주야 오로지 편찬 업무에만 고개를 파묻고 있는 이들의 모습은 엄숙, 경건하다 못해 비장했습니다.

사전 만들기에는 막대한 자금이 필요했습니다. 조선어학회는 가난했고, 책상머리에서 연구만 하는 한글학자들이 스스로 풀기 어려운 문제였습니다. 하지만 조선어사전을 만든다는 민족적 대사업에 적극적으로 후원하고 지원한 민족 지사들이 있었습니다. 그중 한 분이 바로 이극로의 고향 선배 이우식이었습니다.

이우식은 1891년생으로 경남 의령의 만석지기 집안에서 태어났습니다. 3.1운동 때에는 의령읍 장날 만세 시위를 주동했다가, 일경의 수사망을 피해 상해로 망명했습니다.

1920년 귀국하여 안희제, 김효석 등과 함께 백산무역주식회사를 설립하여 독립운동 자금을 조달해 임시정부에 보냈습니다. 1926년 서울에서 시대일보사, 1927년 중외일보사를 설립했고, 1929년 조선어사전편찬회에 참여하면서 후원자가 되었습니다.

1936년 봄, 이우식은 장현식, 민영욱, 김양수, 김도연, 서민호, 신윤국, 임혁규, 김종철, 이인, 설태희, 설원식, 윤홍섭, 조병식 등을 움직여 사전편찬후원회를 조직했고, 1936년 이우식이 1만 원, 1936년부터 1939년까지 후원회가 1만 원의 거금을 기부했습니다.

그 당시 1만 원은 얼마나 큰돈이었을까요? 당시의 화폐 가치를 지금의 가치로 환산하는 것은 쉽지 않습니다만, 1920년대 후반 경성방직 여공의 한 달 임금이 21원 정도였습니다. 현재 근로자 임금 200만 원으로 환산한다면 1만 원은 10억 원 정도가 되는 거금이었습니다.

남저 이우식

우리 민족의 정체성을 지키는 유전자

민족어 3대 규범, 근대적인 조선어의 탄생

사전을 만들려면 표준어 선정과 철자법 정리가 필수적으로 선행되어야 했습니다. 표준어를 정해야 사투리나 비속어 등과 구분 지을 수 있고, 올림말을 정할 수 있으며, 철자법이 정리가 되어야 일정한 규칙에 따라 풀이를 할 수 있었기 때문입니다.

1930년, 한글학자들은 철자법 제정에 착수했고, 136차례의 회의를 거쳐 1933년 한글날에 '한글 맞춤법 통일안'을 발표했습니다. 서울 중류 사회의 말을 표준어로 삼았고, 맞춤법의 원칙은 표음주의로 하고 단어는 띄어 쓴다는 원칙을 규정했습니다. 그리고 오랫동안 쓰던 아래아(ㆍ)는 더는 쓰지 않게 되었습니다.

사실 맞춤법 이전 우리글은 일정한 서기법이 없는 무질서한 전근대적 상태였습니다. 맞춤법이 발표되자, 동아일보는 우리 겨레 최초의 철자법이 완벽한 것일 수는 없겠지만 어문생활의 기초가 되는 겨레말의 표기법이 마련됨으로써 비로소 말글살이의 합리적 처리가 가능해졌다며 환영했습니다.

조선어학회는 1936년 '사정한 조선어 표준말 모음'을 발표했고, 1940년 '외래어 표기법 통일안'을 확정해, 이듬해인 1941년 1월 15일에 발표했습니다. 10년이라는 시간이 소요됐지만, 민족어 3대 규범이 마련됨으로써 비로소 질서정연하고 체계적인 근대적인 조선어가 탄생했습니다.

조선어사전 만들기는 더뎠지만, 앞으로 나아가고 있었습니다.

1940년 3월 드디어 조선어학회는 총독부 도서과로부터 출판 허가를 받았고, 대동출판사의 도움을 얻어 1942년 3월부터 조판 작업에 들어 갔습니다. 그런데 1942년 10월 1일, 뜻밖에도 조선어학회사건이 발발 했습니다.

감옥에 갇힌 우리말과 한글

조선어학회사건의 발단이 된 것은 함흥 영생여학교 학생 박영희의 일기장에서 발견된 '국어를 사용했다가 혼났다'라는 문구였습니다. 박영희를 호출한 형사는 다그쳤습니다. "도대체 국어인 일본어를 썼는데 야단친 불순한 교사가 누구냐?"

그런데 영희는 "조선어를 '국어'라고 생각했기에 그렇게 썼다"라고 대답했습니다. 실상은 영희가 실수로 조선어를 쓴 탓에 선생님께 야단을 맞은 것이었습니다. 실수를 한 것은 영희였고, 야단친 교사는 할 일을 한 것이었습니다. 그러나 조선인 경찰관 야스다는 포기하지 않았습니다.

야스다는 영희와 영희 친구들을 추궁했습니다. "도대체 너로 하여 금 조선어를 국어로 생각하게끔 가르친 그 사상이 불순한 교사가 누구냐?" 결국 영생여학교에서 근무하다가 학회로 자리를 옮겨 사전 편찬 원으로 근무하고 있던 정태진이 소환되었습니다.

정태진은 천성이 점잖고 과묵한 학자였습니다. 학생들에게 불온

우리 민족의 정체성을 지키는 유전자

한 사상을 주입한 적도 없고 조선어학회는 독립운동단체가 아니라고 항변했습니다. 하지만 야스다는 정태진을 제자들에게 민족정신을 주입한 사상이 불순한 교사로, 학회를 비밀독립 운동단체로 몰았습니다. 반복되는 고문은 정태진의 인격을 파괴했고, 학회가 독립운동을 해왔다는 진술서에 도장을 찍게 했습니다.

10월 1일부터 학회 회원과 관계자들이 검거되었습니다. 끌려온 사람들은 양손과 양발을 묶인 채 허공에 매달아 심문당하는 비행기 태우기, 물 먹이기, 손가락 꺾기 등 온갖 고문을 당했습니다. 체격이 좋은 이극로조차 고문을 받다가 까무러치기를 거듭했습니다. 회원들끼리 마주 보고 거짓말쟁이라고 말하며 뺨을 때리라고 했습니다. 참으로 견디기 어려운 모욕이자 치욕이었습니다. 1943년 12월 8일 이윤재가, 1944년 2월 22일 한징이 고문 후유증과 굶주림으로 옥사했습니다.

예심판사 나카노는 학회의 활동이 '심모원려를 포함한 민족 독립 운동의 점진 형태'라고 판결했습니다. 1945년 1월 16일 함흥지방법원 원심에서는 니시다 판사와 2명의 배석판사로 구성된 재판부가 이극로(징역 6년), 최현배(징역 4년), 이희승(징역 3년 6개월), 정인승(징역 2년), 정태진(징역 2년)에게 실형을 선고하였고, 이중화, 김법린, 이인, 김도연, 이우식, 김양수 등에게는 징역 2년에 집행유예 3년(혹은 4년), 장현식에게는 무죄를 선고했습니다. 학회의 주요 인사뿐만 아니라 학회를 돕던 후원자들까지 처벌받았습니다.

1945년 1월 18일 이극로, 최현배, 이희승, 정인승은 상고했습니다. 정태진은 미결 구금 일수를 계산하면 4~5개월 후면 출옥하므로 상고하지 않았습니다. 담당 검사 사카모토도 상고했습니다. 일제 패망 직전인 1945년 8월 13일 조선고등법원은 원심 판결에 대한 피고인 측과 검사 측 상고를 모두 기각했습니다.

해방은 저절로 주어지지 않았다

1945년 8월 15일, 일본은 연합국에 무조건 항복했습니다. 조선은 35년간의 긴 식민 지배에서 벗어났습니다. 간혹 해방을 하늘이 준 선물이라는 식으로 말하는 소리가 들립니다.

하지만 그렇지 않습니다. 대한민국 임시정부는 상해에서 중경까지 중국 땅을 전전하며 독립 투쟁을 계속했습니다. 1944~1945년, 한국광복군은 미국 중앙정보국CIA의 전신격인 미 전략첩보국OSS과 함께 한반도 침투 작전을 준비하고 있었습니다.

1942년 창설된 조선의용군은 소련이 참전하면서 만주로 진격하고 있었습니다. 조선의 독립운동 세력은 비록 연합국으로부터 참전국의 지위를 인정받지는 못했지만, 해방이 되던 마지막 날까지 독립을 위해 싸우고 있었습니다. 나라가 망하자마자 시작되어 일본이 물러가는 날까지 줄기차게 투쟁했다는 사실이 중요합니다.

마찬가지로 조선어학회는 감옥에서도 우리말과 글을 지키는 민족 정체성 수호 투쟁을 멈추지 않았습니다. 이윤재와 한징이 옥사하자 다른 한글학자들도 언제 죽을지 모른다는 공포에 휩싸였습니다. 그러나

우리 민족의 정체성을 지키는 유전자

최현배는 지옥 같은 감옥 안에서도 한글 연구를 계속했습니다.

주시경은 한글을 영어 알파벳처럼 가로로 풀어쓰려고 했습니다. 1914년 유작이 된 『말의 소리』의 마지막 쪽에서 '우리글'을 'ㄴㅜㄹㅣㄱ ㅡㄹ'이라고 풀어쓴 제목을 달았습니다. 지금은 컴퓨터를 사용하므로 자모를 합쳐 음절 단위로 모아쓰는 문제가 해결되었습니다만, 타자기를 사용하던 시대에는 음절 단위로 쓰는 한글은 타자기에 적용하기가 쉽지 않았습니다. 그래서 가로풀어쓰기를 생각하셨던 것 같습니다.

최현배는 스승의 꿈이었던 가로쓰기를 완성하고 싶었습니다. 종이도 펜도 없는 감옥에서 손바닥에 쓰고 살갗에 그리고 이불에 쓰고, 천장에 그리기를 거듭하다가 끝내 가로쓰기를 완성했습니다. 어렵사리 연필과 종이를 입수해 적었고, 하늘이 도왔는지 들키지 않고 면회

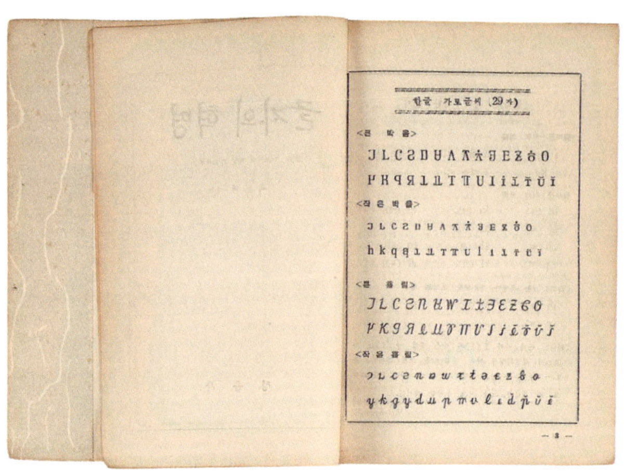

『글자의 혁명』 ○ 1947년 최현배가 펴낸 『글자의 혁명』 3쪽.

10강 조선어학회

온 가족에게 전달할 수 있었습니다.

그럼에도 최현배는 마음을 놓을 수 없었습니다. '나는 감옥에서 죽을지도 모르는데, 과연 가로쓰기가 세상에 잘 알려질 수 있을까?' 걱정하던 차에 마침, 같은 방에 들어온 청년 둘이 있어, 앉혀 놓고 가로쓰기를 가르쳤습니다.

8월 17일 오후 한글학자들은 함흥형무소에서 풀려 나왔습니다. 당시 형무소 앞에서 석방 장면을 목격한 15세 소년이 있었습니다. 소년은 몹시 놀랐습니다. 한 분은 들것에 실려 나오셨고, 나머지 분들은 가족들의 부축을 받고 간신히 발걸음을 옮기고 있었는데, 온몸이 상처 투성이인 게 흡사 미라와 같았기 때문입니다.

석방된 한글학자들은 기차를 타고 19일 늦은 밤 서울역에 내렸습니다. 그런데 놀라지 마십시오. 미라와 같은 모습으로 옥문을 나선 분들이 다음 날인 20일 안국동에 있는 불교선학원에 모여 학회 재건과 앞으로 할 일을 논의했습니다. 어디서 그런 초인 같은 힘이 나왔을까요? 참으로 믿기 어려운 일입니다.

8월 25일 한글학자들은 안국동 예배당에서 임시총회를 열어 마비됐던 조선어학회를 재건했습니다. 살아남은 한글학자들은 민족어를 회복하고 우리말과 글을 바로 세우는 일에 즉각 뛰어들었습니다. 이극로, 최현배, 이희승, 정인승, 정태진, 이석린, 이중화, 이우식, 김윤경 등은 신속하게 실행해야 할 일로 초등과 중등 국어 교과서 편찬, 국어 교원 양성을 위한 국어강습회 실시, 월간지『한글』속간, 국어사전 편찬 완료 등을 결의했습니다.

우리 민족의 정체성을 지키는 유전자

　　해방이 되자마자 조선인들은 통일독립국가 건설을 열망했지만, 남북은 분단되었고, 남쪽은 미군정의 지배를 받아야 했습니다. 미소의 대립으로 냉전이 시작되었고, 통일독립국가 수립의 꿈은 멀어져 갔습니다. 결국 1948년 8월과 9월에 남북 양쪽에 분단 정부가 수립되었습니다. 해방 3년간은 혼란의 시기였습니다. 해방된 민족이 갈라지고 분열되는 고통의 시간이었습니다.

　　모든 것이 불확실해 보이던 시대에 조선어학회는 민족어 회복 운동을 선도했습니다. 학생들을 위해 국어 교과서『한글 첫 걸음』을 간행했고, 문맹률이 78%에 이르는 조선인들을 무지로부터 탈출시키기 위

『큰사전』○ 조선어학회가 편찬한 국어사전 1~6권.

해 전국에서 한글 강습회를 열었습니다. 또한 한글 전용 운동을 힘차게 펼치면서 한글의 시대를 열었습니다.

조선어학회사건으로 중단되었던 사전 편찬도 재개했습니다. 1929년에 시작한 사전 만들기는 시련과 고난의 연속이었습니다. 일제의 민족어 말살, 한국전쟁, 한글맞춤법 간소화 파동 등 고비를 넘겨야 했지만, 1957년 10월 9일 한글날, 마침내 『큰사전』 전 6권을 완간하는 위업을 이루었습니다.

우리말글이 죽어가던 일제강점기에 조선어학회는 우리말글을 지키고 민족의 정체성을 지키기 위해 투쟁했습니다. 조선어학회사건으로 탄압을 받았지만, 옥중에서도 독립을 위한 투쟁은 멈추지 않았습니다. 해방이 되고, 옥에서 풀려난 조선어학회는 민족어를 회복하고 바로 세우며 새 나라 건설의 토대를 닦았습니다. 우리는 우리의 정체성을 지키는 유전자를 갖고 있습니다. 그 증거를 일제의 조선어 말살 정책에 맞서 우리말글을 지키기 위해 싸운 조선어학회의 언어 독립 투쟁에서 확인할 수 있습니다.

우리 민족의 정체성을 지키는 유전자

❖

참고 자료

1. 논문 및 도서

국어연구소, 『국어생활』 3, 1985년 겨울.

김성준, 『일제강점기 조선어 교육과 조선어 말살정책 연구』, 경인문화사, 2010.

김세용, 「고려청자」, 『세라미스트』 9권 5호, 한국세라믹학회, 2006.

김수태, 「신라의 천하관과 삼국통일론」, 『신라사학보』 2014-12, 신라사학회, 2014.

김슬옹, 『한글 혁명』, 살림터, 2019.

김슬옹, 『한글교양』, 아카넷, 2019.

김슬옹, 『훈민정음 해례본 함께 읽기』, 2025.

김영하, 「김춘추, 외교로 준비된 왕」, 『내일을 여는 역사』 9, 민족문제연구소, 2002.

김윤경 엮음, 『주시경 선생 전기』, 한글학회, 1960.

김정대, 「외국 학자들의 한글에 대한 평가 연구 −서구 학자들을 중심으로−」, 『국어학(國語學)』 43권, 국어학회, 2004.

김준혁, 「정조는 왜 화성을 건설했을까?」, 『내일을 여는 역사』 74, 내일을여는역사재단, 역사와 책임, 2019.

김평원, 「정약용이 설계한 유형거游衡車 : 그 원리와 사용법」, 『다산학』 31호, 다산학술문화재단, 2017.

김평원, 「정약용이 설계한 거중기擧重機와 녹로轆轤의 용도」, 『다산학』 30호, 다산학술문화재단, 2017.

남재우, 「대장경, 천년의 이야기」, 『경남발전』 2011-9, 경남연구원, 2011.

노태돈, 「역사적 실체로서의 단군」, 『한국사 시민강좌』 2000-08, 일조각, 2000.

노태돈, 『삼국통일전쟁사』, 서울대학교출판부, 2009.

박상일, 「[세계문화유산 산책 · 13] 孝로 쌓은 수원 화성」, 딩아돌하 2025-3, (사)딩아돌하문예원, 2025.

박성진, 「보이지 않는 선 지우기: 모비우스 모델 비판」, 『한국구석기학보』 1(48), 한국구석기학회, 2023.

박용규 외, 「남저 이우식의 민족 독립운동」, 의령문화원, 2017.

박은숙, 『갑신정변 연구』, 역사비평사, 2008.

방병선, 「고대 한국과 중국의 문화교류; 나말여초 청자 제작과 전통기술」, 『선사와 고대』 30권, 한국고대학회, 2009.

배경식, 『식민지 청년 이봉창의 고백』, 휴머니스트, 2015.

서영대, 「단군신화의 역사적 이해」, 『한신인문학연구』 2001-12, 한신대학교 출판부, 2001.

서희경, 「서재필의 민주공화주의 개혁운동 연구(1895-1898)」, 『한국정치연구』 Oct 31, 2024, 서울대학교 한국정치연구소, 2024.

신동준, 『개화파 열전 김옥균에서 김가진까지』, 푸른역사, 2009.

심지연, 『김두봉』, 동아일보사, 1992.

알퐁스 도데, 『마지막 수업』, 위즈덤커넥트, 2025.

양승훈, 「고고학과 민족주의 -도손의 필트다운과 후지무라의 구석기 유물 조작사건을 중심으로 -」, 『창조론 오픈포럼』 11-2, 2017.

역사문제연구소 기획, 류시현 외, 『미래를 여는 한국의 역사 1』, 웅진지식하우스, 2011.

역사문제연구소 기획, 류시현 외, 『미래를 여는 한국의 역사 5』, 운진지식하우스, 2011.

우실하, 『고조선문명의 기원과 요하문명』, 지식산업사, 2018.

윤용이, 『우리 옛 도자기』, 대원사, 2022.

이광린, 『김옥균』, 동아일보사, 1994.

이신철, 「독립협회와 만민공동회의 '근대성' 논의 검토」, 『사림(성대사림)』 제39호, 수선사학회, 2011.

이충렬, 『간송 정형필』, 김영사, 2010.

일연, 『사진과 함께 읽는 삼국유사』, 까치, 1999.

정병삼, 「고려 재조대장경 '외장'의 사상사적 의의」, 『불교학연구』 27, 불교학연구회, 2010.

정재환, 『한글의 시대를 열다』, 경인문화사, 2013.

정종목, 『역사스페셜3』, 효형출판, 2001.

정종훈, 「백정 가문 출신의 의사 박서양과 연세 정신」, 『대학과 선교』 제60집, 한국대학선교학회, 2024.

정주리 · 시정곤, 『조선언문실록』, 고즈윈, 2011.

조선어학회,『한글』31, 1936. 2.

조현재,『한국의 세계기록유산』, 한국국학진흥원, 2018.

최성환,「정조대 수원 화성 신도시의 위상과 刪京 구상」,『역사교육』151, 역사교육연구회,
      2019.

최현배,「나의 걸어온 학문의 길」,『사상계』23, 사상계사, 1955. 6.

최홍규,「정조시대 화성건설의 역사적 의의와 효사상」,『수원문화사연구』제7호, 수원문화사
      연구회, 2005 .

한국역사연구회,『고려시대 사람들은 어떻게 살았을까 1』, 청년사, 1997.

한글학회 50돌 기념 사업회,『한글학회 50년사』, 한글학회, 1971.

한글학회,『한글학회 100년사』, 한글학회, 2009.

한철호,「개화기 朴泳孝의『使和記略』에 나타난 일본 인식」,『동아시아문화연구』44, 2008.

한호현,「만민공동회, 만민공동회, 자주와 민권을 외친 최초의 근대적 민중 집회」,『내일을 여
      는 역사』, 2008-9, 내일을여는역사재단, 2008.

허재영,『조선교육령과 교육정책변화자료』, 경진, 2011.

2. 신문 및 기타

京城日報, 1943. 6. 17.「決戰半島の眞姿/內務省委員總督府幹部對談會(3)」.

京城日報, 1943. 8. 16.「內鮮一體と國語常用」.

교육방송,『다큐프라임 - 한반도의 인류 3부 한반도 여명의 미스터리』, 2009. 6. 25.

국가유산지식이음, 한국고고학사전, 아슐리안.

국가유산지식이음, 한국고고학사전, 오스트랄로피테쿠스.

국가유산진흥원, 국유정담, 고려청자의 세계.

국가유산청 국가유산포털, 강희자전.

국가유산청 국가유산포털, 유네스코 등재유산 소개, 고창 · 화순 · 강화 고인돌 유적.

국가유산청 국가유산포털, 유네스코 등재유산, 한국의 세계유산, 수원 화성.

국가유산청 국가유산포털, 합천 해인사 장경판전.

국가유산청, 국가유산포털, 국가유산검색, 서울 우정총국

국가유산청, 국가유산포털, 청자 모자원숭이모양 연적.

국가유산청, 국가유산포털, 청자 상감운학문 매병.

국가유산청, 국가유산포털, 한국의 인류무형문화유산.

국립중앙박물관, 소장품검색, 가로날도끼.

국사편찬위원회, 우리역사넷, 교과서 용어해설, 단군왕검.

국사편찬위원회, 우리역사넷, 교과서 용어해설, 왜구.

국사편찬위원회, 우리역사넷, 사료로 본 한국사, 고조선의 성장과 변화.

국사편찬위원회, 우리역사넷, 사료로 본 한국사, 관민공동회: 백정 박성춘의 연설과 헌의 6조.

국사편찬위원회, 우리역사넷, 신편 한국사, 고대, Ⅲ. 신라의 대외관계, 3) 당과의 관계.

국사편찬위원회, 우리역사넷, 신편 한국사, 만민공동회의 정치 투쟁.

국사편찬위원회, 우리역사넷, 역대 국사 교과서, 구석기시대의 생활.

국사편찬위원회, 우리역사넷, 역대 국사 교과서, 인류의 기원.

국사편찬위원회, 우리역사넷, 한국사 연대기, 강진 도요지.

국사편찬위원회, 우리역사넷, 한국사 연대기, 거란의 고려 침입.

국사편찬위원회, 우리역사넷, 한국사 연대기, 근대, 독립신문 창간.

국사편찬위원회, 우리역사넷, 한국사 연대기, 근대, 독립협회.

국사편찬위원회, 우리역사넷, 한국사 연대기, 근대, 만민공동회.

국사편찬위원회, 우리역사넷, 한국사 연대기, 근초고왕.

국사편찬위원회, 우리역사넷, 한국사 연대기, 김옥균.

국사편찬위원회, 우리역사넷, 한국사 연대기, 단군[檀君] 우리 민족의 시조.

국사편찬위원회, 우리역사넷, 한국사 연대기, 대야성 전투.

국사편찬위원회, 우리역사넷, 한국사 연대기, 비파형동검.

국사편찬위원회, 우리역사넷, 한국사 연대기, 사도세자.

국사편찬위원회, 우리역사넷, 한국사 연대기, 장수왕.

국사편찬위원회, 우리역사넷, 한국사 연대기, 정조.

국사편찬위원회, 우리역사넷, 한국사 연대기, 초조대장경.

국사편찬위원회, 우리역사넷, 한국사 연대기, 팔만대장경.

국사편찬위원회, 우리역사넷, 한국사 연대기, 나제동맹.

국사편찬위원회, 우리역사넷. 사료로 본 한국사, 중국인 눈에 비친 고려청자.

국사편찬위원회, 조선왕조실록, 고종실록32권, 고종 31년 11월 21일 계사 2번째기사, 칙령
　　제1호에서 제8호까지 보고하다

국사편찬위원회, 조선왕조실록, 정조실록46권 정조 21년 1월 29일 경오 2번째기사, 성을 순
　　행하고 행궁에 돌아오다

국사편찬위원회, 한국 고대 사료DB, 삼국사기, 신라본기 제5.

국사편찬위원회, 한국 고대 사료DB, 신라본기 제7, 시득이 기벌포에서 설인귀와 싸워 이기다
　　(676년 11월).

국사편찬위원회, 한국 근대 사료DB, 대한민국임시정부자료집, 한국광복군.

국사편찬위원회, 한국사 총설DB, 신편 한국사, (2) 대당전쟁의 승리.

국사편찬위원회, 한국사 총설DB, 신편 한국사, (2) 독립신문이 창간과 독립협회의 창립.

국사편찬위원회, 한국사 총설DB, 신편 한국사, 갑신정변.

국사편찬위원회, 한국사 총설DB, 신편 한국사, 고려 초기 도자-성립기.

국사편찬위원회, 한국사 총설DB, 신편 한국사, 곰과 호랑이 토테미즘.

국사편찬위원회, 한국사 총설DB, 신편 한국사, 백제의 패망.

국사편찬위원회, 한국사 총설DB, 학술회의총서, 자기요.

국사편찬위원회, 한국사 총설DB, 한국사, 갑신정변, (1) 改革의 方向과 政變의 準備.

국사편찬위원회, 한국사 총설DB, 한국사, 개화당의 형성 시기.

김해분청도자박물관, 도자기 소개.

남산예술센터 디지털아카이브, 뫼비우스의 띠.

네이버 지식백과, KBS 천상의 컬렉션, 개스비 컬렉션.

네이버 지식백과, 고고학사전, 찍개.

네이버 지식백과, 세계미술용어사전, 상감.

네이버 지식백과, 시사상식사전, 호모하빌리스.

네이버 지식백과, 팔만대장경(KBS 천상의 컬렉션).

네이버 지식백과, 한국 미의 재발견-도자공예, 청자 참외모양 병.

네이버 한자사전.

독립신문, 1897. 4. 22-24. / 9. 25-28.

동아일보, 「철자법통일안 반포까지의 경과」, 1933. 10. 29.

디지털 해남문화대전, 우리나라 청자의 시작, 해남의 청자 이야기.

디지털군산문화대전, 기벌포전투.

서울특별시, 서울한양도성, 유네스코 성곽유산, 남한산성.

수려한 합천 문화관광, 대장경이야기.

수원문화재단, 수원 화성관광, 수원 화성 축성에 대한 역사적 배경.

수원문화재단, 수원 화성관광, 수원 화성소개, 소개.

수원문화재단, 수원 화성관광, 수원 화성소개, 시설물소개, 미로한정

수원문화재단, 수원 화성관광, 수원 화성소개, 읽을거리, 철저한 임금지급.

온라인 KNOU위클리 제260호, 「한 시간 안에 배울 수 있는 한글의 보편적 가치」, 2021. 10. 10.

온라인 K스피릿, 「고려와 북송, 푸른 청자로 빚은 '같은 형상, 다른 미감美感'」, 2025. 1. 6.

온라인 네이버 뉴스 라이브러리, 경향신문, 「한반도에도 30만 년 전 구인류가 살았었다」손도
    끼 등 구석기 전기 유물 출토, 1978. 6. 19.

온라인 세계일보, 「[한국사의 안뜰] 〈15〉 삼강행실도 '조선의 효'를 말하다」, 2016. 10. 7.

온라인 진일보, 「원조 중국도 고려 비색엔 사족 못썼다」, 2018. 2. 22.

온라인 파이낸셜뉴스, 「9일은 '기록의 날'…축하 영상, 유공 포상, 세계기록유산 전시」, 2025. 6. 9.

온라인 한겨레, 「전곡리 주먹도끼 발견 미군 방한」, 2005. 5. 4.

온라인 한겨레신문, 「"한국어 뿌리는 유목민 아닌 랴오허강 농부 언어"」, 2022. 1. 6.

유네스코 기록유산센터, 국제목록, 아시아태평양, 대한민국.

유튜브, 사라예보 국립도서관 화재.

이근엽, 「이극로 선생과 조선어학회 수난 (2)」, 『한글새소식』 463, 한글학회, 2011. 3.

이훈범, 「[이훈범의 문명기행 – 한류의 기원을 찾아서 | 29] 열도의 마음을 사로잡은 팔만대
    장경 : 세계 지성사 통틀어 최고의 기록유산」, 『월간중앙』, 2025. 5.

이훈범, 「[이훈범의 문명기행 | 한류의 기원을 찾아서(8)] 동아시아 명예를 회복시킨 한반도
    '주먹도끼'」, 『월간중앙』 2023. 8.

전곡선사박물관, 전곡리 유적, 전곡리 선사유적의 석기.

전통문화포털, 한식문화사전.

한국고전번역원, 신역조선왕조실록, 세종 14년 임자(1432) 11월 7일(임술), 율문을 이두문으
    로 번역하여 백성들에게 익히게 하는 문제와 중국 사신에게 의탁해 관직을 요구하는 자
    를 징계하는 방안에 대해 논의하다.

한국고전번역원, 신역조선왕조실록, 세종 1년 기해(1419) 2월 12일(정해), 감사와 수령에게

　　　백성들이 굶어 죽지 않도록 진휼하라는 왕지를 내리다.

한국고전번역원, 신역조선왕조실록, 세종 25년 계해(1443) 12월 30일(경술), 훈민정음을 창
　　　제하다.

한국고전번역원, 신역조선왕조실록, 세종 26년 갑자(1444) 2월 20일(경자), 집현전 부제학
　　　최만리 등이 언문 제작의 부당함을 아뢰다.

한국고전번역원, 신역조선왕조실록, 세종 32년 경오(1450) 2월 17일(임진), 주상이 영응대군
　　　의 집 동쪽 별궁에서 훙서하다.

한국고전번역원, 한국고전종합DB, 조선왕조실록, 정조실록, 정조 17년 계축(1793) 12월 8일
　　　(정묘), 감동 당상 조심태와 경기 관찰사 서용보를 소견하다.

한국고전변역원, 신역조선왕조실록, 세종 22년 경신(1440) 6월 26일(병신), 《국어》와 《국어
　　　음의》의 빠진 부분을 보충하여 인쇄해서 배포하게 하다.

한국고전변역원, 신역조선왕조실록, 세종 31년 기사(1449) 10월 5일(임자), 황희 등에게 관
　　　직을 제수하다.

한국민속대백과사전, 거중기.

한국민속대백과사전, 음식디미방

한국민족대백과사전, 매소성전투.

한국민족문화대백과, 고인돌.

한국민족문화대백과, 기자조선.

한국민족문화대백과, 상감.

한국민족문화대백과, 선사시대.

한국민족문화대백과, 숙위.

한국민족문화대백과, 영은문.

한국민족문화대백과, 자질문자.

한국민족문화대백과, 진흥왕.

한국민족문화대백과, 천손강림신화.

한국민족문화대백과, 태종.

한국민족문화대백과, 홍익인간.

한글글꼴용어사전, 육서.

한글학회, 자료마당, 말의 소리.

❖

도판 출처

- 소장 기관별로 분류해 아래 출처를 명시하였습니다. 아래는 소장처에서 명시한 이름으로 본문의 이름과 다를 수도 있음을 알립니다.
- 저작권 소멸이 확인된 사진은 따로 표기하지 않았습니다.
- 이 책에 수록된 도판의 대부분은 저작권자에게 원본 제공과 이용을 허락받았습니다. 그러나 일부 출처가 불분명하거나 출처가 잘못 들어간 경우, 사실을 확인하는 대로 승인 절차를 밟고 바로 잡겠습니다.

○ 간송미술문화재단: 103쪽(청자 기린유개 향로), 104쪽(청자 상감포도동자문 매병), 105쪽(청자 오리형 연적, 청자 상감 국화모란당초문 모자합), 106쪽(청자 상감연지원앙문 정병), 108쪽(청자 모자원숭이형 연적), 115쪽(청자 상감운학문 매병)
○ 강화역사박물관: 84쪽(팔만대장경판 일부)
○ 국가유산청: 26쪽(아슐리안형 주먹도끼), 94쪽(합천 해인사 대장경판), 168쪽(서울 우정총국), 196쪽(영은문주초, 독립문)
○ 국립민속박물관: 169쪽(문위 5문 우표, 문위 10문 우표), 232쪽(글자의 혁명)
○ 국립중앙박물관: 17쪽(망치돌, 찍개), 18쪽(긁개, 가로날도끼), 43쪽(비파형 동검, 세형동검), 92쪽(초조대방광불화엄경), 111쪽(청자 참외모양 병), 150쪽(화성능행도), 156쪽(화성성역의궤), 194쪽(독립신문), 221쪽(이봉창 의사 선서문)
○ 국립한글박물관: 126쪽(훈민정음 해례본), 141쪽(삼강행실도언해), 216쪽(보통학교 국어독본 1권), 234쪽(큰사전)
○ 수원시청: 163쪽(미로한정)
○ 한국학중앙연구원: 38쪽(제왕운기), 170쪽(홍영식)

정재환의 다시 만난 한국사

1판 1쇄 인쇄 2026년 3월 23일
1판 1쇄 발행 2026년 3월 31일

지은이 정재환
기획 EBS 제작진

발행인 양원석 **편집장** 김건희 **책임편집** 서수빈
디자인 최자윤
영업마케팅 조아라, 박소정, 김유진, 원하경, 정민지

펴낸 곳 ㈜알에이치코리아
주소 서울시 금천구 가산디지털2로 53, 20층 (가산동, 한라시그마밸리)
편집문의 02-6443-8903 **도서문의** 02-6443-8800
홈페이지 http://rhk.co.kr
등록 2004년 1월 15일 제2-3726호

ISBN 978-89-255-6952-9 (03910)